非理性思维的力量

Neel Burton
[英]尼尔·伯顿◎著
曹杨◎译

Hypersanity:
Thinking Beyond
Thinking

江苏人民出版社

图书在版编目（CIP）数据

非理性思维的力量 /（英）尼尔·伯顿著；曹杨译 . -- 南京：江苏人民出版社，2023.6
 ISBN 978-7-214-27537-0

Ⅰ. ①非… Ⅱ. ①尼… ②曹… Ⅲ. ①思维科学 Ⅳ. ① B80

中国版本图书馆 CIP 数据核字（2022）第 179196 号

江苏省版权局著作权合同登记号：图字 10-2022-225 号

Hypersanity:Thinking Beyond Thinking Written by Neel Burton.
Copyright ©Acheron Press,2019.
This edition of Hypersanity: Thinking Beyond Thinking is published by arrangement with Acheron Press.
Simplified Chinese edition was published by Jiangsu People's Publishing,Ltd. in 2023.

本书中文简体字版由作者授权北京紫云文心图书有限公司在中华人民共和国境内独家出版发行。未经出版者书面许可，不得以任何方式抄袭、复制或节录本书中的任何部分。
版权所有，侵权必究。

书　　　名	非理性思维的力量
著　　　者	[英]尼尔·伯顿
译　　　者	曹　杨
责 任 编 辑	张延安
封 面 设 计	扁　舟
版 式 设 计	张文艺
出 版 发 行	江苏人民出版社
出版社地址	南京市湖南路1号A楼，邮编：210009
印　　　刷	天津市新科印刷有限公司
开　　　本	880 毫米 × 1230 毫米 1/32
印　　　张	6.25
字　　　数	120 千字
版　　　次	2023 年 6 月第 1 版　2023 年 6 月第 1 次印刷
标 准 书 号	ISBN 978-7-214-27537-0
定　　　价	49.80 元

这个世界基本上存在三种类型的人:
热爱生命超过恐惧生命的人,
恐惧生命超过热爱生命的人,
以及不知道我在说什么的人。

前言 超智识是一种自我突破

在开篇之前,我先介绍一个词——"超智识"(Hypersanity),这个词不是很常见或者被普遍接受,也不是我自创的。

我第一次知道这个概念是在攻读精神病学专业期间,当时我读了苏格兰精神病学家罗纳德·戴维·莱因(Ronald David Laing)所著的《经验政治》(*The Politics of Experience*)一书,偶然间发现了这个概念。在这本书中,莱因将"迷狂"(madness)定义为一种可以通往更自由、更高阶意识状态或者超智识状态的探索之旅。根据莱因的观点,陷入迷狂是一种了断、一种觉醒或者一种突破,而非一种精神崩溃。

几个月后,我读了《荣格自传:回忆·梦·思考》(*Memories, Dreams, Reflections*),其中提到了一件与迷狂相关的事例。1913年,也就是第一次世界大战的前夕,荣格与弗洛伊德断绝了关系,而后的几年里,他的精神一直处于混乱状态,陷入了"与无意识的持续交锋之中"。

当欧洲分崩离析时，荣格获得了有关精神疾病的第一手资料，正是通过这些资料，他发现了"已从我们的理性时代消亡的、神话般的仙境"。

与吉尔伽美什（Gilgamesh）、奥德修斯（Odysseus）、赫拉克勒斯（Heracles）、俄耳浦斯（Orpheus）和埃涅阿斯（Aeneas）这些神话中的人物一样，荣格游历于他内心深处的黑暗世界，并在那里与迷人的年轻女子莎乐美和一位长着花白胡子和翠鸟翅膀的老人费莱蒙倾心交谈。虽然莎乐美和费莱蒙是荣格在无意识状态中想象出来的人物，但他们都有着各自的生活，甚至说着他以前从未听说过的事物。在费莱蒙的身上，荣格终于找到了弗洛伊德和自己的父亲都未能及的慈父形象。不仅如此，费莱蒙还是一位人生导师，并预言荣格在不久的将来会成为苏黎世的智者，这个预言确实成真了。随着战争的结束，荣格重新恢复了理智，并认为自己在迷狂中找到了"毕生钻研所需的首要材料"。

超智识这个概念虽然创造于现代，却有着古老的渊源。公元前323年，当犬儒派哲学家第欧根尼（Diogenēs）被问及"何为世间最美好的事物"时，他的回答是"parrhesia"（希腊语），意思类似于"言论自由"或者"畅所欲言"。第欧根尼常常在光天化日之下提着一盏灯穿梭于雅典的市井街头（见下图），每当有人出于好奇问他为何这样做时，他回答说："我只想找出一个活人。"这句话是在讽刺当时的雅典人并没有发挥出,甚至没有意识到自己作为一个人所具有的潜能。

第欧根尼提着灯笼寻找活人

第欧根尼因为在故乡锡诺帕(Sinope)[①]重铸货币而被驱逐,之后来到了雅典,过上了乞丐的生活,以"重铸"俗世的陈规陋习,也就是他所说的"道德假币"为己任。他不屑于像平常人一样生活在屋子里,过着锦衣玉食的生活,而是选择居住在桶里,靠吃洋葱为生。第欧根尼向后来的斯多葛学派证明:幸福与物质环境无关。他认为,人类可以从狗身上学到很多质朴

[①] 古代黑海沿岸希腊殖民城邦,即今土耳其小亚细亚北岸的锡诺普(Sinop)。——编者注

和单纯的品性,实际上,"犬儒"一词就是源于狗。曾有人问第欧根尼来自何处,他回答说:"我是世界公民。"这在当时是一个相对激进的说法,也是有史以来第一次使用"世界公民"这种表述。

在临死之际,第欧根尼要求将自己的遗体扔出城墙外,以供野兽食用。然而,当他死于科林斯(Corinth)①城后,科林斯人为他建立了一根纪念柱,并在柱子顶端用大理石雕刻了一只狗。

精神障碍和超智识都会让我们成为社会边缘人物,成为主流群体眼中的"疯子"。这两种状态往往是恐惧和欲望的一种激奋的混合体。但不同的一点是,精神障碍会让人感到痛苦和丧失正常人的能力,而超智识往往意味着解放和赋能。

在读了《经验政治》一书之后,超智识的概念就一直萦绕在我的脑海,不亚于任何我想要拥有的东西。然而,如果真的存在超智识这种状态,那也意味着纯粹的理性并不像人们所吹捧的那样万能,甚至连迷狂都要比它拥有更多潜能。我认为,这一点最明显地体现在人们对周围世界常常不尽如人意的反应上,包括言语和行为上的。正如莱因所说:

异化孤立、麻木昏沉、失去意识、精神失常,这是正常人

---

① 位于伯罗奔尼撒半岛的东北,临科林斯湾,是希腊本土和伯罗奔尼撒半岛的连接点。——编者注

的不同症状。社会赋予正常人相当高的价值。它教育孩子迷失自我，变得荒谬可笑，成为所谓的"正常人"。在过去的50年里，"正常人"大概杀害了一亿他们的同胞。[①]

包括我自己在内的许多"正常人"因为没有进入超智识状态而感到痛苦：身心受到束缚和限制，潜能没有得到正确全面的发挥。这并不是因为缺乏理性导致的，而是因为缺乏洞见和视野，这就如同将自己囚禁在自我独断的牢笼里，深陷于自己阴暗狭隘的主观感受之中。换言之，这样的人无法抽离自我，极少环顾四周，难以察觉身边的美好和可能性。最终，因为害怕失去自我，害怕崩溃，害怕发疯，便用一种极端的主观来对抗另一种主观，而生命，神秘、神奇的生命，则悄悄地流逝了。

我们的精神都有可能会失常，从某种程度上来说，我们已经失常了，因为我们的理智无所依存。然而，如果存在另一条通向超智识的道路，一条与精神失常相比，不那么可怕、危险以及破坏性更小的道路，结果将会如何呢？如果除了一条满是泥泞的道路外，还有一条芳香四溢的康庄大道呢？

本书是一本将思维这个主题当作一门完整的科学来探讨的书。令人惊讶的是，我们的正规教育中竟然没有这样的书。在

[①] 此处大概指1967年之前的半个世纪。仅在第二次世界大战期间，大概有7 000万人直接死于战争以及与战争相关的原因。——编者注

很大程度上，我们的文化总是将思维与逻辑推理等同起来。本书的前几章会从论证的角度来探讨逻辑推理，以及它的形式和缺陷。然而，思维远远不限于逻辑推理，因此本书扩大了研究范围，不仅包括智力、知识和真理等理性认知形式，还包括我们的文化容易忽视和低估的非理性认知形式，包括直觉、情感和想象力。

虽然超智识这个概念并不是那么容易理解，但我会尽力让本书变得通俗易懂。本书的一些章节并不是严格按照逻辑顺序编排的，如果你愿意，也可以将每一章看作完整、独立的篇章。如果本书未能实现它的崇高承诺，至少能让你成为一名更好的思考者，就像写作本书给我带来的益处一样。

本书的目标是提升读者的思维能力，而这项能力对你的影响和幸福感来说，比你所学到的任何知识都重要。正如美国著名心理学家伯尔赫斯·弗雷德里克·斯金纳（Burrhus Frederic Skinner）所说："所谓教育，就是一个人将全部所学忘光之后剩下的东西。"

目录

前　言　超智识是一种自我突破 / Ⅲ

第一部分　逻辑思维训练要点 / 001

　　01　论证的构成和识别 / 003

　　02　非形式谬误的常见形式 / 009

　　03　测一测你的逻辑思维能力 / 015

　　04　理性思维的 5 大障碍 / 027

第二部分　思维与语言的关系 / 035

　　05　修辞，关于说服力的艺术 / 037

　　06　语言如何影响我们的思维方式 / 053

　　07　多掌握一门语言就多一种思维方式 / 063

第三部分　理性思维的长处和局限 / 071

　　08　理性，不是通往知识的唯一道路 / 073

　　09　智力，取决于所属社会的优先级和价值观 / 083

10　知识，真的完全可靠吗 / 089

11　记忆，擅长记住它想记住的 / 097

12　科学，通过一次一次的葬礼进步 / 109

13　真理，可以选择的事实 / 119

第四部分　被忽略的非理性思维 / 127

14　直觉，一切知识的来源 / 129

15　智慧，获得美好生活的思维能力 / 137

16　灵感，推动你实现愿景的积极能量 / 147

17　洞察力，适应变化的关键认知能力 / 155

18　情感，决定了我们对待周围一切的态度 / 159

19　音乐，情感和思维的净化剂 / 175

20　想象力，思维的最高形式 / 179

结　语　突破理性的束缚，让我们回归完整 /185

第一部分

逻辑思维训练要点

01 论证的构成和识别

论证是指，通过提供理由或前提来支撑某一个具体的陈述或结论，以达到说服的目的。

论证的方式包括两种：演绎和归纳。在演绎论证中，结论作为前提的逻辑推理结果，可以顺理成章地得出。

前提1：所有的狗都是哺乳类动物。
前提2：毛毛是一只小狗。
结论：因此，毛毛是哺乳类动物。

在归纳论证中，论证的前提支持结论，或者仅仅暗示着结论。

前提：每次吃完榛子，我的嘴巴都会有疼痛感。

前提：每次吃完核桃，我的嘴巴也会有疼痛感。
结论：因此，我对坚果类食物过敏。

仔细来看，归纳论证的过程不是很严谨：前提和结论都隐含在并不切题的论述当中，而且推理顺序非常随意，或者根本没有逻辑。在很多情况下，前提和结论可能是隐含的、非直接的，也就是说，人们往往未经思考就相信了结论，而忽略了论证过程。

《呼啸山庄》是有史以来最好的英语文学作品。针对英国读者的调查发现，在过去的10年中，相比于其他书籍，这本书每年获得的投票最多。

如果我们重新整理这个有瑕疵的归纳论证，就会变成如下过程：

英国大众的意见可以准确地反映英语文学作品的价值。（前提1，这是一个暗示性的、有瑕疵的前提）
调查准确地反映了大众的意见。（前提2，又是一个暗示性的前提）
在过去的10年中，《呼啸山庄》一直位居第一。（前提3）
因此，《呼啸山庄》是有史以来最好的英语文学作品。（结论）

如何判断论证的真假

论证的各个组成部分要么为真,要么为假,除非它们的表述含糊不清,模棱两可,在这种情况下,我们就无法准确地判断它们的真假。不过,作为一个整体,论证只能是有效的,或者无效的。如果论证的结论是其前提的逻辑推理结果,那么它就是有效的,无论前提是真是假,或者结论本身是否正确。

所有长翅膀的动物都会飞。(前提1,假)
企鹅有翅膀。(前提2,真)
因此,企鹅会飞。(结论,假)

尽管上述这个论证是有效的(因为它说得通),但不可信,换句话说,结论是错误的。若想一个论证既有效又可信,它所有的前提必须为真,也就是必须都是正确的,并且结论必须严格根据前提有逻辑地推理得出。在这种情况下,结论必定为真。

所有哺乳类动物都是温血动物。(前提1,真)
蝙蝠是哺乳类动物。(前提2,真)
因此,蝙蝠是温血动物。(结论,真)

对于归纳论证来说，可信意味着具备说服力。如果它的前提为真，并且前提或多或少能够保证结论的正确性，那么，这个归纳论证就是有说服力的。

如果你无法判断一个论证的逻辑推理是否有效，可以用这个方法来验证：创建一个具有同样形式、前提为真且结论明显为假的平行论证。

论证：

前提1：有些农民是土地所有者。
前提2：有些土地所有者是贵族。
结论：因此，有些农民是贵族。

论证的框架或者总体形式如下：

前提1：有些A是B。
前提2：有些B是C。
结论：因此，有些A是C。

平行论证：

前提1：有些昆虫是食草动物。

前提2：有些食草动物是哺乳类动物。
结论：因此，有些昆虫是哺乳类动物。

如何识别谬误

谬误是指存在某种错误的论证，无论这种错误是无意的还是有意的（为达到欺骗的目的）。谬误包括形式谬误和非形式谬误。形式谬误属于无效的演绎论证，无论其前提是否为真，整个论证是无效的；与此不同的是，非形式谬误只能通过分析论证的内容才能识别出。我们可以根据这一原则来判别演绎论证中的这两种谬误：形式谬误是无效的，而非形式谬误是不可信的。

常见的形式谬误包括"肯定后件"和"否定前件"。

肯定后件也叫作换位错误（converse error），是指从第一个前提进行逆向推理，其总体形式如下：

如果A，那么B。
B。
那么A。

如果我得了流感，那么我会发烧。
如果我发烧了。
那么，我得了流感。

否认前件也叫作换质错误（inverse error），是指从初始条件中进行逆向推理。

如果A，那么B。
非A。
因此，非B。

如果下雪了，吉尔会在家工作。
没有下雪。
因此，吉尔不在家工作。

我们已经了解了论证和谬误这两个概念，接下来探讨一些更有趣的问题。

02　非形式谬误的常见形式

非形式谬误经常出于政客和各种骗子的口中，并且大多数属于归纳论证，很难被察觉。接下来，我介绍14种常见且重要的非形式谬误，每一种都会给出简短的定义和实例。

第一种，红鲱鱼谬误（red herring）。它通过将注意力从论证或论证的核心转移到其他主题上来达到削弱或掩饰的目的。

如果可以盲品（即品酒时看不见酒标，不知道喝的是什么酒），那么对新出品的波尔多红酒的评价就会更客观和有价值。只是波尔多红酒？

第二种，稻草人谬误（straw man）。它通过曲解对方的论证来将其驳倒，然后轻松获胜。

他认为，我们可以像对待他的其中一家赌场那样对待美国经济，将我们的债务甩给世界其他国家，而这可能会造成比2008年的金融危机还要糟糕的经济灾难。

第三种，诉诸人身谬误（ad hominem）。它是指攻击提出论证的人，而非论证本身来反驳某一个论证。

骗子希拉里是有史以来最坏也是最大的失败者。她根本没法改变这一点，而这对共和党来说有很大的好处。希拉里，过你自己的日子去，过个三年再来尝试一次（指参与美国总统竞选）！

第四种，起源谬误（genetic fallacy）。它是指基于论证的支持者或来源来接受或反驳某一个论证。

我认为这个国家的专家已经够多的了，他们用那首字母缩写组成的机构名提示着，他们知道什么才是最好的，然后让一切持续错误下去。

第五种，诉诸伪善谬误（appeal to hypocrisy）。它是指基于论证支持者的行为与其主张不符而否决某个论证。

我根本不相信你所说的提高税收的提议，你用尽手段来降低你的书的税率，而这正是你提议要禁止的。

值得注意的是，诉诸人身谬误、起源谬误和诉诸伪善谬误三者存在相同之处。

第六种，诉诸群众谬误（appeal to popularity），又称为诉诸民主或者共识谬误。它是指做出大多数或者相当一部分人都认为是正确的主张。

他当然是有罪的，因为连他的妈妈也背弃了他。

第七种，诉诸中庸谬误（argument to moderation），也叫作英国人谬误。它是指认为温和的观点或者中间立场必然是正确或最佳的。

这个国家有一半的人希望脱欧，另一半人则希望留下。我们做个折衷：离开欧盟，但留在关税同盟吧。

第八种，假分歧谬误（false bifurcation），也叫作非此即彼谬误，它是指在明明有更多选择的情况下，只提供有限的选项，从而造成一种假象，即所提供的选项要么相互排斥，要么涵盖一切。这种谬误的目的是试图迫使对方接受这样的选择——要么接受，要么放弃。

要么按照我的方案来，要么就没有方案。

要么按照我的方案来，要么没有方案，要么干脆就不要脱欧了。

第九种，类此谬误（analogical fallacy）。它是指如果事物在一些方面相似，那么它们必然在所有方面都相似。

就像监狱一样，精神病院也应该配备安保人员、高墙、篱笆和上了锁的窗户。就像监狱一样，精神病院也是惩罚异常行为的一种方式。

第十种，后此谬误（cum hoc ergo propter hoc，大意为"与此有关，因此由此而来"）。它是指相关性必然意味着因果关系。

研究表明，平均来说，吃饭时喝红酒的人更不易患心脏病。因此，吃饭时喝红酒可以预防心脏病。

这个案例可能还隐含着一个信息，比如，吃饭时喝红酒的人更倾向于健康的饮食，或是拥有更少的压力。

第十一种，赌徒谬误（gambler's fallacy）。它是指一个独立事件的结果会影响随后发生的另一个独立事件的结果。

朱莉怀了第四胎，她前三胎都是男孩，所以这次一定是个女孩。

第十二种，失控的火车谬误（runaway train）。它是指如果一个特定的行动计划被证明是正确的，那么这就可以证明，在同一方向上采取更激烈的行动也是正确的。

车速过快容易发生致命的交通事故。将速度从每小时50千米降低到每小时30千米可以减少致命的交通事故。

在这个例子中，为什么不直接将速度降低为零呢？

第十三种，诉诸无知谬误（argument from ignorance），也叫作消极证明谬误。它是指正确的主张建立在没有证据反驳它的基础上，或者错误的主张建立在没有证据支持它的基础上。

上帝当然存在，不然你如何解释地球上的生命从何而来呢？

举证的责任通常在提出论证的一方，但诉诸无知谬误通常将举证的责任丢给对方。

第十四种，丐题谬误（begging the question）。这是一种循环论证,指一个要被论证的命题早已在前提中被假定为真。

我反对同性婚姻。婚姻是一男一女的结合,同性之间的婚姻不是婚姻。

这一谬误类似于"因为我说的是对的,所以我是对的"这样的表述。

03　测一测你的逻辑思维能力

本章设置了一项针对逻辑思维能力的测试，如果你对此不感兴趣，可以直接跳到第4章。

下面的10个问题来自TSA测试①。TSA是许多大学入学的必考课目之一，尤其是牛津大学的哲学、政治学和经济学入学考试，很多著名的政治家，包括英国的许多首相和其他国家的政府首脑皆出自这三个专业。

在这项测试中，每道题的作答时间最多为2分钟。答案及其详解安排在测试题之后，以防提前泄露。

---

① TSA测试的全称是"Thinking Skills Assessment"（即思维能力评估），核心考查学生的思辨能力和批判性思维；该测试分为两部分：90分钟的多选思维能力评估和30分钟的写作任务。——编者注

1. 我们（英国）对医疗体系进行了前所未有的投资，无论从数量上来看，还是从国家财政支出比例来看。这也是人均寿命持续延长的原因，如今，女性的平均寿命是82.8岁，男性是78.8岁。

下列哪一项表述了上述论证的缺陷？
A. 英国人民的健康状况仍然比欧洲其他一些国家的差。
B. 即使没有增加医疗投资，人均寿命也会延长。
C. 健康的人活得更久。
D. 人们的平均寿命也在延长。
E. 尽管增加了医疗投资，但患者的护理工作仍然常被诟病。

2. 实际上，大多数学者同时兼顾研究和教学的职责。如果可行的话，将这两个职责分开会更好，一些学者只做研究，另一些则只致力于教学。这样，做研究的学者就更专注于研究，教学的学者则更专注于教学，这样便会带来更好的研究，以及更高的教学水平。

下列哪一项最能说明上述论证的缺陷？
A. 它认为研究比教学更重要。
B. 它忽略了研究和教学有互相巩固的可能性。
C. 它假定专业可以提高生产力。
D. 它没有意识到大多数学者对教学没有什么兴趣。

E. 它忽略了以后的大多数教学可以在线上进行。

3. 我们不应该赞同这样的观点：偿还所欠之物是正确的。假设一个人借给你一件武器，但当你准备归还时发现，这个人已经失去了理智，在这种情况下，归还武器显然不合适。

下列哪一项表述了上述论证的缺陷？
A. 它用一个特殊事例来反驳一般性原则。
B. 它通过不相关的事例将注意力从论点上引开。
C. 它通过结论来证明论证的正确性。
D. 你可以晚一些再归还武器。
E. 你可以在归还武器前取出弹药。

4. 有暴力倾向的精神分裂症患者每年都会杀害许多人，报纸上到处都是这类可怕的案件。精神分裂症患者不应该被留在社区照料，而应该被永久地拘留在保安机关。虽然这可能会剥夺他们的自由，但与生命相比，自由算什么呢。

下列哪一项最能说明上述论证的缺陷？
A. 报纸过度报道了精神分裂症患者犯下的杀人案件。
B. 并非所有的精神分裂症患者都有暴力倾向，或者对他人的安全构成威胁。
C. 精神分裂症无法被治愈。

D. 多数人的自由比少数人的生命更重要。

E. 在被证实有罪之前，人们应该被假定为无罪。

5. 法学院的学费昂贵，所需的时间又多，而且要求极高，因此你不应该上法学院，而是选择创业。这样，你的金钱、时间和精力会获得更好的资金回报。创业三年之后，你可以掌握如何赚钱这种无价的技能。如果成功了，你就再也不用找工作了。

如果下列表述为真，哪个最能削弱上述的论证？

A. 大多数人认为，默默承受比创造更容易。

B. 大多数人都害怕失败。

C. 很多创业公司都失败了。

D. 选择上法学院的大多数人都对法律拥有浓厚的兴趣。

E. 许多上了法学院的人最后都开了自己的公司。

6. 一项针对15名体重超重的女性的研究发现，在用水果取代正常晚餐后，她们的体重都明显减轻了。在两个星期的时间内，除了用水果代替晚餐以外，其他饮食保持正常。如果每次的运动时间超过20分钟，她们就可以随心所欲地吃水果。只过了两个星期，每个人的体重至少减轻了3.6斤，有一位女性甚至减轻了10斤。有趣的是，相比于吃了超过5片水果的人，吃了少于5片水果的人减掉得更多。尽管样本很小，但这项研究至少表明，用水果代替晚餐是一种简单而有效的减肥方法。

如果下列陈述为真，哪个最能加强上述论证？
A. 这些女性严格遵守了实验的各项规定。
B. 这些女性都有很强的减肥动力。
C. 这些女性在参与这项实验之前，几乎不吃任何水果。
D. 这些女性在参与这项实验之前，会定期锻炼。
E. 这些女性在参与这项实验之前，只是略微超重。

7. 非法贩卖人口现象的增加是全球化带来的弊端之一。性工作合法化有助于减少非法贩卖人口的现象。尽管性工作合法化会促使性服务的总需求量增加，但顾客还是倾向于选择合法的性工作者，而非被贩卖的性工作者，这减少了对后者的需求。这是国家一级政策可以对全球化的各个方面产生影响的一个例子。

下列哪一项是上述论证的基本假设？
A. 性工作合法化可以减少贩卖人口现象。
B. 性工作总需求量的增加并不会导致贩卖人口总量的增加。
C. 全球化导致非法贩卖人口现象增多。
D. 性工作合法化会使顾客更倾向于选择合法的性工作者而非被贩卖的性工作者。

E. 全球化可以被国家一级政策控制和改变。

8. 即使上帝存在，即使祂有创造人类的明智目标，我们也不知道这个命定的目标是什么，但无论它是什么，我们宁愿没有它，而是由自己确立。除非我们能自由地确立自己的人生目标，否则，我们的生活将漫无目的，这是最糟糕的一种情形，但即使在最好的情况下，即使我们有一些目标，它们也是被命定的，微不足道且没有任何深度。

下列哪一项是上述论证的基本假设？
A. 自由地选择自己的人生目标比拥有一个被命定好的目标要好。
B. 上帝并不存在。
C. 若想某件东西有目标，它必须是为这个目标创造的。
D. 出于某种目标创造的东西必须与创造它的目标相同。
E. 我们应该尽量去确定自己的目标。

9. 不要产生嫉妒心理。因为无论何时你都会遇到比你更优秀或更成功的人，这样每次你都会心生嫉妒或模仿他们。嫉妒是一种痛苦，因为别人拥有好东西；模仿他们也是出于痛苦，因为你没有这些东西。这两者的区别很微妙，但至关重要。从好的方面来说，嫉妒是无用的，从坏的方面来说，嫉妒是一种自我毁灭。不过，模仿是有益的，因为它促使我们想办法获得好的东西。

下列哪一项最能表达上述论证的主要结论？
A. 模仿他人是有益的。
B. 模仿他人比嫉妒他人要好。
C. 不要产生嫉妒心理。
D. 当你遇到比你更优秀或更成功的人时，可以心生嫉妒或者模仿他们。
E. 嫉妒和模仿都与痛苦有关。

10. 我们的智力就像一个骑在盲巨人肩膀上的视力很好的瘸子。叔本华认为，作为意志象征的盲巨人等同于我们无意识的驱动力和恐惧，而我们有意识的智力并不能完全意识到这一点。这给弗洛伊德的研究带来启发，例如，他认为意志最有力的表现就是性冲动。叔本华认为，生育后代的生命意志使男人和女人陷入爱和欲望的错觉中，从而吸引到一起，一旦这项任务完成，这种错觉便会消失，他们又会回到"原来的狭隘和匮乏"之中。

下列哪项表述是从上述论证中得出的结论？
A. 瘸子代表着我们无意识的驱动力和恐惧。
B. 意志的盲巨人大多是无力的。
C. 叔本华启发了弗洛伊德的研究。

D. 我们主要被自己的智力驱动。

E. 我们主要被无意识的力量驱动。

答案及其详解

1. B

这个论证的论点是：人均寿命之所以延长，是因为对医疗体系的投资增多了。然而，即使没有增加医疗投资，丰富的营养和发达的科技等因素也会促使人均寿命延长（B）。这个论证假定，增加医疗投资可以提高医疗水平，而医疗水平的提高则促进了人均寿命的延长。但实际情况可能恰恰相反：即便医疗投资增加了，但实际医疗水平并不会提高，或者医疗水平的提高只是预期人均寿命延长的因素之一。A、D和E并没有真正触及论点。比如，医疗系统经常因为不完善的护理而被诟病（E），这个事实无法说明增加医疗投资不能提高整体的医疗水平。越健康的人寿命越长（C）只是加强印证了论证，是论证假定的前提。

2. B

这个论证假定的前提是，专业化能够提升质量（而不是生产效率，C）。然而，对于研究和教学来说，这一点并非必然。因为许多学者从研究中获得了教学优势，又从教学中获得了研究优势（B）。文中并没有说明教学和研究哪个更重要（A）。D和E都将教学、研究的职责复杂化了，并未触及这个论证最核心的缺陷。

3. A

最能体现这个论证的缺陷的表述是，它用一个特例来反驳一般性原则。的确，在一些极其特殊的情形下，最好不要（立即）归还所欠之物，但这并不意味着，归还所欠之物从原则上来说是错误的。尽管用于介绍论点的事例是人为创造的，但严格地来说，它并非是不相干的（B）。同样，这个论证也不是循环论证（用结论来支持其本身，C），循环论证的表述应该是"我们不应该赞同偿还所欠之物是正确的这样的观点，因为偿还所欠之物从原则上来说是错误的"。D和E只是补充了文中的特例，并未指出这个论证的缺陷。

4. B

这个论证最严重的缺陷是，它假定所有的精神分裂症患者都会对他人的人身安全构成威协。但在现实中，正常人比绝大多数精神分裂症患者更有暴力倾向。

5. D

简而言之，这个论证的论点是，比起上法学院，一个人更应该把时间花在创业上，因为创业的回报更丰厚。这个论证假定，上法学院的人都是为了获得金钱回报。如果大多数人之所以选择上法学院是因为对法律感兴趣（D），那么以上这个假设就是错误的。即使A和B是正确的，也无法削弱这个论证，尤其是，一个人能做什么（或者准备做的）和一个人应该做什么并不一定是一样的。这个论证已经考虑到了创业公司会破产的可能性（C）。E选项只是印证了这个论证。

6. D

这个论证存在的主要问题是，除了饮食的变化，减肥的成效也可能来自日常锻炼的结果。如果这些女性在参与研究之前就已经有一定量的锻炼，那么饮食的变化更有可能成为减肥成功的主要原因（而非锻炼）。

7. B

这个论证的逻辑如下：性工作合法化会促使性服务的总需求量增加，但由于顾客倾向于选择合法的性工作者而不是非法的性工作者，因此贩卖人口现象将会减少。这其中隐含的假设是，性服务需求的增加量并不会超过可供顾客选择的合法性工作者（而不是被贩卖的性工作者）的增加量。A只是对论证结论的复述。无论C、D和E是事实还是假设都未能支撑论证。

8. A

这个论证的主要论点是，无论上帝预先为我们设定的目标是什么，我们都更希望自由地选择自己的人生目标，而自由地选择目标肯定比拥有一个命定的目标要好，无论这个命定的目标是什么（A），这一假设与论证相呼应。值得注意的是，这个论证也与"拥有命定的目标是无法与拥有选择目标的自由相比拟的"这一假设相呼应，尽管这一表述未出现在选项中。B是一个明确的假设，而非潜在的假设。C和D是相反论证的假设，即没有命定的目标，实际上就是没有任何目标。E更多的是一个隐含的结论，而非潜在的假设。

9. C

这个论证以一个祈使句"不要产生嫉妒心理"作为开头，后面的部分都是在为"为何不应该产生嫉妒心理提供支持。因此，"不要产生嫉妒心理"是这个论证的主要结论，即使它出现在开头而非结尾。

10. E

这个论证包含两个结论。第一个结论出现在第一句话中：我们被无意识的意志（盲巨人）带着走，因此，"主要被无意识的力量驱动"（E）。第二个结论出现在第二句话中：我们有意识的智力可能并不能完全意识到我们无意识的意志。这可能会导致我们误认为，我们是被自己的智力驱动的（D错误）。A

和B选项只是对这两个结论的说明。这个论证中的确提到叔本华启发了弗洛伊德，但这并无法证明他真的对弗洛伊德的研究有所影响（C），也许，弗洛伊德可能从来没有读过叔本华的作品，甚至从来没有听说过叔本华。

04 理性思维的5大障碍

形式谬误和非形式谬误是"理性思维的5大障碍"中的两个，另外三个分别是自我欺骗、认知偏差和认知扭曲。这三个概念在某种程度上有些重叠，因此无须将它们之间的界线分得太清。

自我欺骗

形式谬误与非形式谬误都是错误的论证，而自我欺骗本质上源自对自我的保护。正如我在另一本书《躲藏与寻找：自我欺骗的心理学》(*Hide and seek : The Psychology of Self-Deception*)中所论证的，所有的自我欺骗都可以被理解为对自我的保护。从心理学的角度来说，当"我们是谁/什么"（无意识的本我）与"我们认为自己（应该）是谁"（有意识的超我）发生冲突时，作为无意识机制之一的自我保护便会消除恐惧与焦虑。

具体来说，自我保护的形式主要分为三种：投射、理想化和智识化。投射是指将一个人不愿接受的想法和感受归咎于他人。这首先必然会压抑自我（另一种形式的自我保护），因为不愿接受的想法或感受只有先被否决后才可以被分离。投射的典型例子包括，爱嫉妒的人总是觉得所有人都在嫉妒自己；饱受宠爱的人总是活在不再被关注的恐惧中；有出轨想法的人总爱怀疑自己的伴侣会出轨。

理想化是指高估一个人、物体或者想法的积极方面，而低估了消极方面，其本质就是将一个人的需求、渴望投射到另一个人、物体或想法之上。理想化的典型例子就是痴情，或者对浪漫爱情的幻想，当爱与被爱的需求被混淆时，被理想化的一方身上的消极方面就会被掩盖，甚至被当作积极方面来看待。虽然理想化有时会让我们豁然醒悟，但没有什么比制造一些对我们来说"完美"的东西来释放我们的焦虑更好的方法了，无论这个东西是器物、地方、国家、人，还是上帝。

智识化是指人们倾向于将问题描述成冰冷、抽象、深奥的专业术语，以此将令人不适的感受排出在意识之外。曾有一位精神病医生向我这样描述了他的一位病人，"当一位拥有两个孩子的母亲得知自己患有转移性有丝分裂疾病（metastatic mitotic lesion）之后，想要结束生命"。虽然将这句话换成"当一位母亲得知自己患了癌症之后想要自杀"更好理解，但这种说法太直接，会唤起人们对这位可怜的母亲的悲惨遭遇的恐惧感。

我们再来看看另一个关于智识化的例子。一位胸怀大志的医学专业学生曾向我寻找建议，她应不应该选择走医学研究的道路，尽管她已经下定了决心。在提出了几条支持性的建议之后，我也提出了一些反对意见，其中之一是，绝大多数从事医学研究的人从未取得过意义非凡的突破。但她不以为然，因此我请她列举出过去50年里精神病学研究领域取得的一项重要突破。然而，她并没有列举，也不接受根本就没有重要突破这一事实，反而质疑起对"突破"的定义，甚至质疑突破的价值。如果她一开始就接受根本没有任何突破这个观点，不是更能说明她的观点吗？

实际上，这种对理论概念的关注掩盖了"向理性逃避"这一事实：严酷的现实被当作有趣的问题或谜题来对待，而刻意忽视其情感内容或个性化意涵。这样的结果便是，面对一个问题，人们可能会在定义上吹毛求疵，破坏合理的假设，提出细枝末节的反对意见，并用含糊不清的论点和深奥的细节来蒙蔽自己。这位学生没有看到大局，因此无法得出合理的结论，这点可能会在将来的5年、10年，甚至50年内成为她的障碍。这个例子当然不属于理性思考的范畴，它向我们展示了自我保护、恐惧和不安全感是如何阻碍理性思考的，这些因素导致这位学生不仅改变了论证，而且改变了整个论证的框架。

有一种自我保护非常具有影响力和麻痹作用，尤其当涉及政治问题时，它就是转嫁，它的主要表现形式是寻找替罪羊。愤怒、沮丧、嫉妒、内疚、羞耻和没安全感等令人不快的感觉往往会被转嫁到某个人或者群体身上，而后者往往更容易受到伤害。结果便是，那些"替罪羊"——外来者、移民、少数派、特立独行者受到迫害，而那些实施转嫁的人则释放和转移了他们的负面情绪，心理上获得了一种粗鲁但令人宽慰的确定感和自以为是的愤慨感。

认知偏差

认知偏差是心理层面的一种捷径，旨在节省时间、精力或者排除不安的情绪，其主要表现形式为总是强化自我形象或者个人的世界观，但这样做未必准确和可靠。

比如，在解释他人的行为时，我们总是倾向于高估他们的性格所起的作用，而非情境因素。不过，"相对偏见"却与认知偏差刚好相反，前者总是发生在我们在解释自己的行为时。比如，如果莉娜没有修剪草坪，我就会将这归咎于她的健忘和懒惰，进而指责她，但如果是我没有修剪草坪，我就会以忙碌、疲劳或天气恶劣为由宽恕自己。

此外，还有一种重要的认知偏差，名为"确认性偏差"，也被称为"证实性偏差"，它是指人们总是倾向于寻找、注意和回忆那些符合他们现有信念的事实和论点，而过滤掉那些与他们现有的信念相冲突的事实和论点。人们在使用社交媒体时最容易产生这种偏差，这些经过选择的事实和论点可能会导致人们生活在"回声室"[①]中。

目前已被发现的认知偏差有100多种，这足以写一本书了，希望将来有人写出来，我很想看。

[①] "回声室"是指一个相对封闭的环境，在这种环境中，一些意见相近的声音不断被重复，并以夸张或扭曲的形式被重复，令处于相对封闭环境中的大多数人认为这些扭曲的故事就是事实的全部，这种现象也被称为"回声室效应"。——编者注

认知扭曲

认知扭曲的概念来自认知行为疗法，这种疗法是由精神病学家阿伦·贝克（Aaron Beck）于20世纪60年代提出的，曾用于治疗抑郁症和其他精神疾病。认知扭曲是对事实的一种曲解，使其符合或加强我们的观点，而且这些观点通常基于非常少或不完整的证据，甚至根本没有证据。

在抑郁症中，认知扭曲一般包含选择性抽象（selective abstraction）和灾难化思维（catastrophic thinking）。选择性抽象是指将注意力集中在单一的负面事件或情境上，而排除其他更积极的事件或情境，例如，"我的伴侣讨厌我，他三天前生气地看了我一眼"。这与确认性偏见很相似，但更为严重。

灾难化思维是指夸大某一事件或情境的负面结果，比如，"我的膝盖痛得越来越厉害了，如果严重到坐轮椅，那我就不能工作了，也无法还房贷了，将来我可能没有房子住，将流落街头"。

认知扭曲还会引起恶性循环，比如它会加重抑郁，而抑郁又会导致更严重的认知扭曲。

从广义上来说，认知扭曲不仅出现在抑郁症和其他精神疾病患者身上，也出现在自尊低下、爱嫉妒，以及陷入婚姻或伴侣矛盾之中的人群身上。

接下来三章的主题是思维和语言的关系，我们会在第8章回到理性思维这个主题上。语言虽然不同于思维，却是我们表达和传输思维的主要方法。

第二部分

思维与语言的关系

05 修辞，关于说服力的艺术

试图说服他人的过程可以是论证性的，也可以是非论证性的。非论证性的说服方式包括眉目传"信"、做手势，或者请客。不过，在说服他人这件事情上，最常用的方式是修辞，尤其是在公共场合。对于演讲和写作来说，修辞就是一种关于说服力的艺术。巴拉克·奥巴马凭借精湛的修辞技巧而非有力的论证两次入主白宫，他著名的口头禅"yes we can"（是的，我们可以）是书信体的修辞手法。

修辞手法是一种诗意的表达，既可以使句子变得优美，也可以用于说服他人。抛开政治话语不谈，修辞是我们喜爱的诗歌、歌曲和措辞的表达基础。

我曾写过一篇概要，专门介绍了一些渲染力强且很重要的修辞手法，并将它们分为8类：声音的重复、词句的重复、观点或句式的重复、特殊句式、语言游戏、对立与矛盾、遁辞以及意象。接下来，我会详细介绍这8类修辞手法，并解释他们各自蕴涵的心理学基础。

1. 声音的重复

声音的重复可以产生一种令人愉悦的和谐感，也可以巧妙地连接或强调重要的词语或观点。声音的重复形式主要有两种：和音（consonance）和头韵（alliteration）。①

和音是指相同辅音的重复，头韵是和音的一种形式，是指每个单词的开头音节或重读音节的重复。

Curiosity killed the cat.
好奇心害死猫。

齿音（sibilance）也是和音的一种形式，是指对齿擦音的重复，比如 /s/ 或 /sh/。齿音平缓而感性，与头韵的效果完全不同。

And the silken sad uncertain rustling of each purple

---

① 作者是英国人，所以"声音的重复"这一小节讲述的主要是英语的修辞手法。——编者注

curtain...

紫色的窗帘上悲伤不安的沙沙声……

与此不同的是，共振指的是一行或一段话中语音的丰富性或多样性。

Created half to rise, and half to fall
Great lord of all things, yet a prey to all;
Sole judge of truth, in endless error hurl'd:
The glory, jest, and riddle of the world!
所创造的一半上升，一半下降
伟大的万物之主，同时也是万物的猎物；
唯一的真理判决，在无尽的错误之中：
荣耀，玩笑，还有世界之谜！

2. 词句的重复

词句的重复可以产生头韵，带来节奏感和连续性，具有强调、联结和递进的作用。

词句的重复有很多种形式，最鲜明的一种是连续的重复，比如：

噢，黑暗，黑暗，黑暗，在午日的烈焰中。

词句也可以在一两个词之后重复，或者在句子的开头和结尾重复。

Bond, James Bond!
邦德，詹姆斯·邦德①！

The king is dead, long live the king!
王者已逝，长存吾王！

Romeo, Romeo, wherefore art thou my Romeo?
罗密欧，罗密欧，为什么你是我的罗密欧？

词句也可以在上句的结尾和下句的开头处重复，这种修辞手法叫作顶真，可以加强上下句的联系，使所表达的观点更有力和更有逻辑。

不但如此，就是在患难中也是欢欢喜喜的。因为知道患难生忍耐，忍耐生老练，老练生盼望，盼望不至于羞耻。

---

① 《007》系列小说、电影的主角。在故事里，他是英国情报机构军情六处的特工，代号007，被授权可以除掉任何妨碍行动的人。——编者注

当一个句子发生含义的变化时，也可以重复词义，无论是微小、模糊的变化，还是明显的变化。前者这种变化通过模棱两可的表达来强调相反的意思（如下面例句中的"爱"与"真爱"），而后者这种变化则同时暗示着所存在的联系和不同（如下面例句中的"改变"与"转舵"，"转弯"与"离开"）。

若是一看见人家改变便转舵，一看见人家转身便离开，爱就不再是真爱。

和单个词语一样，句子也可以进行重复，无论是在整个句子的开头（始句重复），还是结尾（结句重复）。

我逃离了他，越过夜晚和白天；
我逃离了他，穿越岁月的拱门；
我逃离了他，步入迷宫之径
我意志的迷宫……

没有有色人种的问题，没有南方的问题，没有北方的问题，只有美国的问题。

如果你想再挑战一下，可以试试将始句重复和结句重复结合起来。

当仇恨的言论出现时，让我们一起挺身而出反对它；当暴力的言论出现时，让我们一起挺身而出反对它。

在上述这个例子中，重复表达出了决心、坚决和团结。

3. 观点或句式的重复

如果使用得当，观点或句式的重复可以使整个表达更饱满，更令人容易产生共鸣，还可以产生层次感和韵律，并具有强调和递进的作用，进而构思出一个完整的概念。

首先我要介绍的是重言（tautology），它是指对句中相同观点的重复。

不要以怨恨相对，应以慈悲为怀。

其次是冗言（pleonasm），它是重言的一种形式，是指在明确表意所需词语之外，使用更多的词语。

我是Alpha（第一个希腊字母），也是Omega（最后一个希腊字母），是最初也是最后，是开端也是结束。

接下来这个例子是冗言和并行结构的结合,并行结构是指在一对或一系列相关词语、句子和段落中使用相似的句式结构。三个平行的词语、段落或句子组成的句式叫作组对仗(tricolon),组对仗是对仗的一种形式。

Mad, bad, and dangerour to know.
大家都知道这事儿太疯狂,太糟糕,也太危险。

结构或句式的并行可以通过语义的反转(chiasmus)来突出。

然而,常有这种情况,第一成了最后,而最后却成了第一。

不要将圣物给狗,也不要将你们的珍珠丢在猪的面前,免得你要把猪踩在脚下时,狗就转脸把你撕碎。

4. 特殊句式

独特句式有助于引起人们的注意,转移话题的重点。

倒装是指句子中词语的正常顺序发生变化,或者将通常一起使用的词语分开来。词序倒置法主要有三种:词序倒装——改变正常词序；换置——故意将描写甲事物的词语移用来描写乙事物。逆序——故意颠倒事件发生的自然顺序。

在海上，我们站立。（倒装）
国王愤怒的王冠。（换置）
让我们英勇赴死吧，投入这场最激烈的战斗。（逆序）

还有一种特殊句式，名为轭式搭配（zeugma），它是指在一个句子中用两个或两个以上的词或短语来修饰一个名词或者动词。根据名词或者动词所在位置的不同（开头、中间或结尾），轭式搭配分为前轭式搭配（prozeugma）、中轭式搭配（mesozeugma）和后轭式搭配（hypozeugma）。下面是一个中轭式搭配的例子：

What a shame is this, that neither hope of reward, nor feare of reproach could any thing move him, neither the persuasion of his friends, nor the love of his country.
真遗憾，无论是利诱，还是威逼，无论是朋友的劝说，还是对祖国的热爱，都无法使他动摇。

一笔双叙（syllepsis）是轭式搭配的一种形式，是指一个词在语法上与其他一两个词相同，但在语义上，只有这个词最合适。

She lowered her standards by raising her glass, her courage, her eyes, and his hopes.

她通过举起酒杯、拾起勇气、抬起眼睛,还有燃起他的希望来降低标准。

反连接(hypozeuxis)是与轭式搭配正好相反的一种特殊句式,是指每个主语都有自己的动词。下面这个例子来自丘吉尔,同时也是始句反复的一个例子:

We shall fight on the beaches. We shall fight on the landing grounds. We shall fight in the fields, and in the streets, we shall fight in the hills. We shall never surrender!

我们将在沙滩上作战,我们将在降落场上作战。我们将在田野里作战,我们将在街头作战。我们将在山谷中作战,我们将永不屈服!

圆周句(periodic sentence)也是一种特殊句式,它是指位于最后一个从句之前,在语法和语义上都不完整的句子。

Every breath you take, every move you make, every bond you break, every step you take, I'll be watching you.

你的每一次呼吸,你的每一个动作,你打破的每一个承诺,你所走的每一步,我都会看着。

5. 语言游戏

语言游戏可以通过创造新颖且往往是荒谬的场景和联想来引起人们的注意力，或者制造笑点，例如双关语和有意的错误表述。这类句子通过制造歧义来使塑造的形象更生动，它们也可以用于表达真诚的情感，甚至激情。

双关语是指在一个句子中使用发音与某个词语相似的词语，或者有不止一个含义的词语的一种语言游戏。

Do hotel managers get board with their jobs?
酒店经理会觉得他们的工作"无聊"到想睡觉吗？（注："board"有住在何处的意思，酒店正好是人们睡觉的地方，同时"board"发音与"bored"〔无聊〕相同）。

A dog gave birth to puppies near the road and was cited for littering.
一直狗在路边生了一窝小狗，然后因为制造"垃圾"而被处罚了。（注：litter指一窝小狗，但也有扔垃圾的意思。）

生硬比喻（catachresis）是指对词语或短语的有意误用，比如用一个词代替另一个词，或者曲解和混淆比喻。

To take arms against a sea of troubles...
拿起武器，对抗无尽的烦恼……

'Tis deepest winter in Lord Timon's purse.
一个人可能非常努力，但回报甚微。

反词性（antitimeria）就是故意将一个词性当作另一个词性来误用，通常是将名词变成动词。

I'll unhair thy head.
我要把你的头发都拔光。

语法误用（enallage）是故意而有效地使用不正确的语法的一种语言游戏。

Let him kiss me with the kisses of his mouth, for thy love is better than wine.
让他用他的嘴唇亲吻我，因为他的爱比美酒还要醉人。

Love me tender, love me true.
温柔地爱我，真心地爱我。

6. 对立与矛盾

使用对立与矛盾的修辞手法有助于吸引注意力、强化观点,也可以使表达充满幽默感,或者具有层次感与完整性。

反意法(oxymoron,也叫作逆喻)是指使用一些矛盾或不协调的词语来形容一件事物。悖论也是矛盾修辞手法的一种,但在逻辑上不太紧凑。

Make haste slowly
What a pity that youth must be wasted on the young.
让匆忙慢下来
真可惜,青春必须浪费在年轻人身上。

反语(antiphrasis)是指使用一个词语来描述某一事物,但表达的意思是相反的。

A giant of five foot three inches.
一个5英尺3英寸的"巨人"。

对照(antithesis)是指通过两者的相互比较来衬托出其中一方的不同,一系列的对照被称为层次性(progression)。

A time to be born, and a time to die; a time to plant, and a time to pluck up that which is planted; a time to kill, and a time to heal...

出生的时候,死去的时候,播种的时候,收获播种所得的时候,杀戮的时候,治愈的时候……

7. 遁词

遁词(circumlocution)是指通过几个精挑细选的词汇来描绘一幅场景,或者构思一个复杂的概念。

重言(hendiadys)是指通过两个词的并列来表达同一种意思,而多言(hendriatris)是指通过三个词的并列来表达同一种意思。

Sex, drugs, and rock'n'roll
性爱,毒品,还有摇滚

Lock, stock, and barrel
所有,一切,全部

提喻（merism）是指用几个具体的词来指代整体。

For better for worse, for richer for poorer, in sickness and in health...
无论是好还是坏，无论贫穷还是富有，无论疾病还是健康……

8. 意象

意象就是客观事物经过创作主体独特的情感活动而想象出来的一种艺术形象。

借喻（metonymy）是指不直接说出所要说的事物，而是使用另一个与之相关的事物来代指。

Downing Street
唐宁街（英国首相官邸所在街道的名称，可以代指英国首相或者政府）

The pen is mightier than the sword.
笔杆子比枪杆子更硬。

换称（antonomasia）是借喻的一种形式，指用另一个词、短语或名称来代替原本的事物名称。

The Divine Teacher (Plato)
神圣的老师（指柏拉图）

The Master of Those Who Know (Aristotle)
有识之士的大师（指亚里士多德）

The Subtle Doctor (Duns Scotus)
微妙博士（指邓斯·司各脱）

提喻（synedoche）和借喻相似，指以事物的某一部分来代替整体。

A pair of hands
一双手

Longshanks
瘦长腿的人

当我们使用修辞时，是通过美感、口才或者生动的表达来说服别人，而非逻辑。

在柏拉图所著的《吕西斯篇》一书中，苏格拉底说，美"的确是一种柔软、顺畅、光滑的东西，因而是一种很容易渗透进我们心灵的天造之物"。

作为读者的你是否也注意到这句话的顺畅之感。

06　语言如何影响我们的思维方式

风吹过柳树,时光轻轻地叹息。交流并不一定需要语言,很多动物都可以通过其他方式进行有效的交流。语言与符号紧密相连,与概念性观点和创造力也密不可分。语言这项独一无二的财产使人类成为适应性最强的动物,也使人类可以追求那些高度抽象的事物,比如艺术、科学、哲学,而正是因为这些才使人之所以成为人。

请想象这样一种思维实验:如果这个世界没有语言(不是没有说话的能力,而是不存在语言),将会是什么样子?如果让你选择,你更愿意失去视力,还是语言能力?你可能此时才发现,对于人类的生存来说,语言能力是最基本的要求,相比于视觉,语言能力更加不可或缺。肯尼思·格雷厄姆(Kenneth Grahame)[①]曾打趣道:"猴子非常明智地避免了使用

[①] 英国著名儿童文学作家,其最具代表性的作品是《柳林风声》。——编者注

语言，否则它们就会被组织起来谋生。"

作为语言的美妙之处，修辞会使我们对某事物产生信服感，那么语言本身呢？换句话说，语言是如何影响我们的思维方式的呢？

从表面上来看，语言的目的是将想法从一个人传达到另一个人。毫无疑问，语言代表着想法，但它能否决定想法呢？

哲学家路德维希·维特根斯坦（Ludwig Wittgenstein）曾写下这样的名句："我的语言的贫乏意味着我的世界的限度。"初看之下，这似乎有些言之过激。世界上现存有7 000多种语言，据估计，每两周就有一种语言消亡。不同语言之间表示颜色的词的数量也各不相同。巴布亚新几内亚的大尼语（Dani）与利比里亚和塞拉利昂的巴萨语（Bassa）都只有两个表示颜色的词，一个用来表达深色/冷色，另一个用来表达浅色/暖色。不过，毫无疑问的一点是，大尼语和巴萨语的使用者可以辨认和运用其他的颜色。

实际上，英语中没有相对应的词能准确地表达德语单词"Sehnsucht"的意思，它表示对现实的不满，对丰富多彩、真实有趣的理想生活的向往。不过，就算没有这个词，沃尔特·惠特曼也能完整地表达出同样的概念和情感：

Is it a dream?
Nay, but the lack of it the dream,
And, failing it, life's lore and wealth a dream,
And all the world a dream.

那是梦幻吗？
不是，但缺了它就是虚度光阴，
缺了它，人生的学问和财富就如梦幻泡影，
整个世界就如梦幻泡影。

沉默是上帝的语言，其他的都是糟糕的翻译。——鲁米

英语中有专门的词来形容失去父母的孩子（orphan，孤儿），有专门的词来形容失去配偶的妻子和丈夫（widow和widower，分别指寡妇和鳏夫），但没有一个专门的词来形容那些失去孩子的父母。也许是我们忽略了失去孩子的父母，但

这并不是因为我们无法接受或想象他们。对于那些无法用语言表达的事物，我们也能进行感知和记忆，例如，芒果的味道、鸟在黎明的鸣唱，以及情人的脸庞和身体部位的轮廓。动物和不会说话的婴儿也有自己的想法，即使他们不会用语言表达。

如果语言不能决定想法，那它是如何与想法互动的呢？俄语、希腊语等许多语言中有两个词来表达蓝色，一个词用来表达浅蓝色，另一个词用来表达深蓝色，这两个词分别是俄语中的"goluboy"和"siniy"，希腊语中的"ghalazio"和"ble"。一项研究发现，与使用英语的人相比，使用俄语的人能更快地分辨出"goluboy"和"siniy"的区别，而不是这两个词代表的颜色的区别。而另一项研究发现，相比于生活在希腊的本地居民，在英国生活很久的希腊语使用者认为"ghalazio"和"ble"所代表的意思很相近。语言通过制造分类和划分世界强化了我们的认知。

与当前希腊语不同的是，古希腊语和许多古老的语言都没有特定的词来形容蓝色，前者只用过"Homer"这个词来形容大海。不过，古希腊语中却有好几个词来形容爱，包括"philia""eros""storge""agape"，它们分别代表友谊之爱、性爱、家人之爱、博爱。这说明古希腊人能更精确地谈论爱。那么，这是否也意味着他们能更全面地思考爱，并因此在生活中拥有更充实的爱呢？也许，他们之所以有这么多表达爱的词语，就是因为他们拥有更多充实的爱，或者他们的文化和社会更关注人与人之间的不同联系，以及建立这些联系的期望和责任。

哲学家和学者有时会自创一些词来表达或思考一些事情。在《菲德罗篇》中，柏拉图创造了"psychagogia"（引导灵魂的艺术）这个词来描述"rhetoric"（修辞，这也是他发明的词）。每一项人类活动都发展出了自己的专属语言。语言和思维之间存在着重要的联系，比如，我经常通过说或写来定义和完善对某一主题的思考。这些都表明，语言能使我们的思考更细致和融洽。

令人感到惊讶的是，已经消亡的拉丁语没有"yes"和"no"的直接表达，人们要么用问句中的动词（肯定的或否定的）做回应，要么用副词来表达对事物的真实感受，这也许有助于他们进行更细致的思考，同时也使人际之间的联结更紧密。不过，对于当前学习该语言的人来说，这简直苦不堪言。

语言的许多特殊属性蕴含在语法和句法中，而非词语本身，母语使用者几乎察觉不到这些。以英语为例，现在完成时表示那些依然存在的事物，在语法上与那些不存在的事物的表达有着明显的区别。不过，英语使用者早已习惯了这一点。这意味着语言中充满了固有的假设和偏见。

我们再举一个更能体现语言之间的差异的例子。当描述偶然事件时，英语使用者更倾向于强调动作的发出者（比如"我开枪了"），而西班牙语和日语使用者更倾向于忽略动作的发出者（比如"枪打响了"）。

研究发现，上述例子导致的结果便是，英语使用者倾向于记忆偶然事件的动作发出者。我认为，这与归咎责任有关。

有些语言带有明显的自我中心主义倾向。许多语言不明确使用人称代词，而是将其嵌入动词之中，比如，"I want"（我想要）用西班牙语表达只是一个简单的词"quiero"。与此不同的是，英语则在任何情境下都会明确使用人称代词。法语也是如此，而且法语使用者经常会重复第一人称代词，比如"moi, je pense que…"（我，我认为……），对"我"进行了强调。有时，他们也会重复其他的人称代词，比如"Et toi, qu' enpenses-tu?"（你呢，你怎么看？），但对第一人称代词的重复更常见，再比如"Bon aller, moij' en ai marrehein"（无论如何，我受够了我自己），这种重复使用了口语化的表达。在不同的情境中，重复可以起到强调或者表达不同意见的作用。在英语中，这种表达形式比较复杂和晦涩，因此很少使用，比如，"Well, as for me, I think that..."（呃，对我来说，我觉得……）。在法语中，第一人称的重复使用会使对话充满戏剧性，就如同说话者在表演自己的角色，或者夸大自己与他人的差异和分离感。

在英语中，动词承担着表达时态的功能。在土耳其语中，动词可以传达信息的来源（证据）——信息是直接的、通过感官获得的，还是间接的、通过证词或推论获得的。在俄语中，动词包含某个动作是否完成的信息，动词的完成体代表完成的动作，动词的非完成体代表正在进行或习惯性的动作。西班牙语通过两个表达"to be"的动词来强调存在的状态："ser"表示永久持续的状态或者情况，而"eatar"表示不会长久持续、暂时性的特征或者状态。与许多语言一样，西班牙语也有不止一种第二人称的称呼方式："tú"表示对亲密者和社会地位较低者的称呼，"usted"表示对陌生人和社会地位较高者的称呼，法语中对应的词分别是"tu"和"vous"，而意大利语则是"tu"和"lei"。英语曾经也有相似的区分，用"thou"（相当于古时的"汝"）表达亲密、熟悉或者无拘无束的关系，但这种用法比较久远，相比于"you"，现代人觉得它太过正式。综上所述，相比于讲英语的人，讲土耳其语的人更重视证据，讲俄语的人更重视完整性，讲西班牙语的人更重视存在方式和社会关系。

在很多语言中，名词都有阴性和阳性之分，德语中还有第三类词——中性词。迪尔巴尔语（Dyribal，澳大利亚原住民的一种语言）有四类名词，其中一类名词专指女性、水、火、暴力和动物，这正应了认知语言学创始人乔治·莱考夫（George Lakoff）所著的一本书的书名——《女人、火与危险事物》。研究人员曾做过这样一则研究，让讲德语和西班牙语的人分别用各自的语言来描述同一物体，这一物体的名称在德语中属于阴性词，而在西班牙语中属于阳性词。结果发现，他们的描述显示出了对性别的刻板印象，即使用英语描述也是如此。比如，讲德语的人将"桥梁"（在德语中是阴性词）描述为美丽的、优雅的、脆弱的、平静的、好看的和苗条的，而讲西班牙语的人将"桥梁"（在西班牙语中是阳性词）描述为巨大的、危险的、长的、强壮的、坚固的、高耸的。

另一项研究调查了艺术家对抽象概念的拟人化表达形式，比如爱、正义和时间。结果发现，在大多数情况下，艺术家喜欢将一些概念性别化。比如，相比于法国和西班牙的艺术家，德国艺术家更倾向于将"死亡"或"胜利"的主体当成男性，尽管其他艺术家，至少是所有欧洲的艺术家都会将"死亡"表现为一副骷髅骨架。由此可知，语言可以直接地、从根本上影响我们的思维、感知和行为。

实际上，语言弱化了一些词隐含的性别歧视，导致人们对女性的偏见长期存在。比如，很多英语作者使用"mankind"来代表"人类"，用"he"来代替"他和她"。同样，很多语言也使用阳性复数代词来指代至少含有一位男性的群体。如果眼前有一百个女人和一个婴儿，而这个婴儿恰好是男婴，那么法语便会使用阳性复数代词来指代。

语言会随着对他人态度的改变而改变。有时候，政治家、压力团体或者其他人会尝试通过改变语言来改变态度。不过，总的来说，语言是一种用来维持现状，巩固其所代表的文化和秩序的一种工具，至少语法就是如此。

语言中包含着各种各样的隐喻。在英语和瑞典语中，人们常用距离来表达时间，比如"I won't be long"（我很快就到），"let's look at the weather for the week ahead"（我们来看看未来一周的天气），"his drinking finally caught up with him"（酗酒很快击垮了他）。而在西班牙语和希腊语中，人们常用尺寸和量词来表达时间，比如，西班牙语常用"hacemos una pequeña pause"（我们来小小休息一会儿）来表达 corta pausa（短暂的休息），用"largo tiempo"（长时间）来表达"mucho tiempo"（很多时间）。希腊语中常用"poli ora"（很长）来表示"makry kroniko diastema"（很久）。然后你猜怎么着？一项对西班牙/瑞典双语使用者的研究表明，可以估计事件持续时间的语言会改变该语言使用者对时间的相对流逝的感知。

总体而言，除了个别特例之外，欧洲人所使用的语言并无显著差别。库塔语（Kuuk Thaayorre，澳大利亚原住民的一种语言）有16个词语来表达具体的空间位置，而不是用相对的位置做参考，比如"就在你前方"，或者"在右边""就在那儿"。结果便是，就连生活在库塔的小孩都清楚地知道周围的方位。当被要求按照时间顺序排列一组图的顺序时，英语使用者习惯从左到右排列，希伯来语使用者习惯从右到左排列，而库塔语使用者一贯地从东向西排列，当他们面向南方时，便会从左到右排列，而当面向北方时，则从右到左排列。由于对空间的感知不同于常人，他们对时间的感知也可能有所不同。

也许，语言并不能决定我们的思维，但能使我们的感知和注意力集中于现实和结构的特定方面，从而增强认知，甚至在某种程度上调节社会关系。语言反映并塑造了我们的思维，进而塑造了我们的文化，而文化又反过来塑造了我们的思维和语言。英语中没有葡萄牙语"saudade"的对应翻译，这个词代表着爱，以及对那些已经失去且永远不会再得到的人或物的渴望。"saudade"这个词的出现伴随着葡萄牙的衰落，以及葡萄牙人对往日辉煌的渴望，这样的渴望如此强烈以至于被写进了国歌："Levantai hoje de novo o esplendor de Portugal（让今天再次彰显葡萄牙的辉煌吧）。"语言、思维和文化这三条线紧密地交织在一起，不可分隔。

人们常说，一位老者的逝世意味着一座图书馆的消失，而当一种语言消失时，世界末日就要来临了。

07　多掌握一门语言就多一种思维方式

如果语言会影响我们的思维方式，那么，当我们会说多种语言时，情况又当如何呢？

在英国和美国，会说多种语言是一件稀疏平常的事。史前时期，大多数人都分属于不同的语言区，他们会说多种语言，以方便贸易往来、婚嫁以及友邻交往。

今天亦是如此，以采集打猎为生的族群都会说多种语言。巴布亚新几内亚有将近850种语言，每一种语言的使用者大概只有一万人。在诸如印度、马来西亚、南非等国家，大多数人都会说双语，甚至多种语言。从世界范围来看，会说多种语言的人比只会说一种语言的人要多。随着网络的发展，使用外语交流变得更加频繁，即使对那些最孤立且只会说一种语言的人来说也是如此。

16世纪的英国女王伊丽莎白一世至少会说9种语言：英语、法语、西班牙语、意大利语、拉丁语、威尔士语、康沃尔语、苏格兰语和爱尔兰语。在她去世后不久，威尼斯大使乔瓦尼·卡洛·斯卡拉梅利（Giovanni Carlo Scaramelli）给他的总督和上议院回信说：

> 她对9种语言的运用如此炉火纯青，以至它们都好似她的母语。其中5种语言是她所统治的人民所说的语言：英语、威尔士语、康沃尔语、苏格兰语以及爱尔兰语。这些语言之间的差异很大，以至说不同语言的人很难理解彼此。除此之外，她还流利地掌握了拉丁语、法语和西班牙语，意大利语尤其出色。

难怪伊丽莎白一世不想结婚。

熟悉一门语言意味着掌握了与该语言相连的文化知识。多语言主义和多元文化主义紧密相连，从历史的角度来看，这两者都随着民族主义的兴起而受到了破坏。2016年，英国脱欧公投结果出来以后，时任英国首相的特雷莎·梅在演讲上说："如果你认为你是一名世界公民，那就意味着你不是任何地方的公民。"这句话不是很有逻辑，因为人类的存在比任何一个国家都要长久。直到今天，有些人还认为让孩子说其他语言会削弱孩子的语言能力和认知能力。那么，有证据能证明这一点吗？

根据多项研究显示，在标准化测试中，至少会说两种语言的人获得的成绩更高。语言能力能够提高人们的其他执行能力，比如注意力控制、认知抑制①以及记忆力。此外，有多项证据表明，双语/多语言使用者更擅长分析和完成多重任务，他们还有更好的记忆力，包括在处理那些与语言无关的任务。在大脑结构方面，他们的背侧前扣带回拥有更多灰质，因此也更活跃，这是语言管理功能区域，这个区域也负责许多任务的执行。卓越的执行能力反过来是学业有成的有力预测因素。

会说多种语言还有助于提高判断力。根据最新的一项研究证明，用外语来思考道德难题可以做出更理性或更有效的决定，这可能是因为，当这样做时，一些词汇失去了其情感内涵，又或者从另一种文化的角度去看待问题或通过不同的神经通道处理问题会得出更客观的答案。因此，如果你会说第二种语言，就可以将它当作反思自己的一面镜子。

尽管会说双语或者多种语言对认知产生的好处存在争议，但证据确凿的一点是，这对健康有益。根据加拿大多伦多一家医院的体检记录，会说两种语言的人得阿尔茨海默症的时间比只会说一种语言的人晚三四年，尽管他们有着相似的教

---

① 通过自己的意志抵制某件事情的一种方式。——编者注

育程度和职业地位。最近在意大利北部进行的一项针对同一阶段的阿尔茨海默症的研究表明，会说两种语言的患者平均年龄要大五岁，而这与他们的大脑执行功能区域有着密切的关联。同样，一项针对印度的600名中风的治愈者发现，会说两种语言的患者的预后效果要好得多。具体来说，40.5%会说两种语言的患者具有正常的认知能力，而只会说一种语言的患者中仅有19.6%的人具有这种能力。

会说双语或者多种语言还能带来更高的经济收入。美国的一项研究发现，具有高水平双语技能的人每年能获得大约3 000美元的额外收入，即使控制了诸如教育程度和父母的社会经济地位等因素之后也是如此。根据《经济学人》的调查，对于一名美国毕业生来说，在40年的时间里，第二门语言带来的经济收益最高可达128 000美元（保守估计）。当然，使用多种语言为经济带来的整体效益远远大于多种语言使用者的个人收入之和。据日内瓦大学的一份报告估计，瑞士的多语言遗产每年为瑞士经济贡献大约500亿美元，相当于该国GDP的10%。相反，英国政府的一项研究指出，缺少语言技能可能会让英国经济每年损失大约480亿美元，相当于该国GDP的3.5%。

综上所述，会说多种语言能够提高我们的认知能力和经济收益。不过，会说多种语言的人更愿意强调这项技能为个人、社会和文化带来的益处。许多会说两种语言的人认为，他们的生活方式、世界观，甚至包括笑与爱的方式，都会随着所说的语言而发生改变。20世纪60年代，美国语言学家苏珊·埃尔－特里普（Susan Ervin-Tripp）做了一项实验，她让会说日语和英语的一些女性用这两种语言来完成一个句子，结果发现，句子的结尾会随她们所使用的语言大有不同。比如，使用日语的女性会以"互相帮助"作为"真正的朋友应该……"这个句子的结尾，而使用英语的女性则以"对彼此坦率"为该句的结尾。"你最喜欢的作家是谁？""你晚餐想吃什么？"如果你用一种语言来提问，便会得到一种答案，而如果换一种语言，可能会得到不同的答案。难怪查理大帝曾说："学会第二门语言，就好像拥有了第二个灵魂。"

翻译字典的基本假设是，语言之间每个词都有对应的翻译。实际上，即使是对应的翻译，或多或少具有不同的内涵。相比于英语中的"I like you"（我喜欢你），法语中的"je t'aime"（我爱你）则更加认真和严肃。美国著名喜剧演员乔治·卡林（George Carlin）曾开玩笑说："'喵呜'的意思就是'汪汪'。"当然，事实并非这样。由于某种难以言喻的特质，有些东西用一种语言比用另一种语言更容易表达。通过语码转换，会说多种语言的人的表达范围，甚至思维范围更加广阔。正如维特根斯坦所说："一幅图画囚禁了我们。我们逃不脱它，因为它在我们的语言之中，而语言似乎不断向我们重复它。"

特定的语言适合表达特定的意图,比如,英语适合表述科学与技术,法语更适合表达下厨和绵绵细语,拉丁语适合祈祷和正式的成人仪式。会说多种语言的人拥有更多选择,就如同罗马帝国皇帝查理五世所说:"我用拉丁语与上帝沟通,用意大利语向女人调情,用法语同绅士寒暄,而用德语调教马匹。"实际上,查理五世和德国贵族相处得并不融洽,他更愿意生活在西班牙,靠着他被监禁的母亲"疯子乔安娜"的权力坐上刚建立不久的西班牙的王位。我知道这些事情是因为我会西班牙语。

掌握的语言越多,学习语言就变得越简单。实际上,学习其他语言能够巩固我们的母语。比如,一项研究发现,学习西班牙语能显著提升英语母语的词汇量。总的来说,学习一门语言就如同为母语打开了一扇门,既加深了我们对语言的理解,也提升了沟通能力。美国著名悬疑小说家罗伯特·艾克曼(Robert Aickman)在其《醇酒色的大海》(*The Wine-Dark Sea*)中写道:"你的英语说得这么好,说明你的母语一定不是英语。"

在写这一章节时,我在社交网站上发起了这样一个问题:"如果你会说两种语言或多种语言,那么你认为这项技能给你带来的最大好处是什么?"

以下是他们的一些回答：

- 可以自由地接触不同的文化，以及阅读许多原版书籍。
- 给了我看待世界的不同视角，这有助于增强同理心和开放的心态。
- 赋予我更多认知上的优势，让我了解了更多文化和历史，掌握了更多知识。
- 语言也是知识，少一点无知总是有用的。
- 让我可以在两种不同的模式之间切换，从两种不同的视角思考问题。
- 让我变得更加包容，掌握一门新的语言意味着掌握一种新的文化、一个新的视角以及接触更多的信息渠道。
- 我能够与之笑谈的人是其他人的两倍。
- 让我变得更加有耐心，也更理解那些想要精确地表达但又无法明确传达真实想法的人。
- 我可以完全理解并运用另一种语言来交流（南非语），这种感觉非常棒。

◎ 让我明白想法并不直接以语言的形式出现在我的脑海中，而是以灵感的方式出现，只有当我表述灵感时，我才需要语言。

◎ 我生活在印度，会说两种语言。不过这在印度没什么大不了的，我认识很多会说三种语言的人。在这里，只有你会说五种或五种以上语言，才会令人印象深刻。

◎ 在电梯里谈论他人时不会被知道说了什么。

◎ 骂人的时候有更多选择。

◎ 每一种语言都有其独特的规则和表达习惯，独特的发音和韵律，独特的美感和诗意，独特的历史和哲理。

◎ 每一种语言都是人类的另一种存在方式，另一种生活方式。

第三部分

理性思维的长处和局限

08 理性,不是通往知识的唯一道路

亚里士多德认为,正是独一无二的理性才使我们成为人类。因此,人类的幸福或者繁荣昌盛基于所过的生活能使我们运用和发展理性,并且这种生活符合理性。

《世界人权宣言》(1948)第一条就提到,人类"被赋予了理性"。长久以来,我们一直相信,理性是上帝赐予我们的,是我们和上帝共有的一项永垂不朽的品质。理性对应的希腊语是:"logos",其意为"词汇"或者"理性"。事实上,亚里士多德用"logos"特指"理性的对话"。"logos"一词源于原始印欧语词根,意思是"收集、聚集",这个词衍生出了许多英语单词,包括 intelligence(智力)、apology(歉意)、colleague(同事)、college(学院)、delegate(代表)、lecture(演讲)、legal(合法的)、legend(传奇)、logic(逻辑)、privilege(特权)。柏拉图所著的《克拉底鲁篇》是第一篇同时也是最有趣味

的一篇关于语言哲学的文集,他在其中提到,"对名字的认识占据了知识的很大一部分"。

在所谓的"理性时代"的黎明,笛卡尔怀疑一切,除了理性。他曾说:"理性是我们之所以为人并且区别于动物的唯一东西,我宁愿相信它完整地存在于每个人身上……"

那么,理性究竟是什么呢?首先,理性不仅关乎联想思维,以及从一个想法转移到另一个想法的能力。联想思维也可以来自非理性的过程,比如本能或直觉。相比之下,理性关乎为联想提供有说服力的依据,在这个过程中还需要使用一种表征系统,比如思维或者语言等,来推导或得出这种关联。

人们常将理性与逻辑结合起来,尤其是形式逻辑中的演绎逻辑。至少,形式逻辑被认为是最纯粹的理性形式。诚然,形式逻辑是最可靠或最安全的理性形式,但它仅仅与论证的有效性有关,与前提和假设之间的关系是否正确有关,而与前提的真假,甚至与结论的价值和相关性无关。

理性涉及大范围的心理活动,包括筛选和评估证据,提出和验证假设,衡量对方的论证,评估推理方法和结果,发展和应用启发式方法①(心理捷径),等等。而所有这些都需要

---

① 启发式方法是指,人们在解决问题时所采取的一种根据经验规则进行发现的方法。——编者注

运用判断力，这也是为什么理性不能像逻辑那样交给计算机来运算，这也是为什么它总是缺乏说服力。逻辑只是理性的一种工具，有时接受不合逻辑或者看似不合逻辑的事物是合理的。

人们常常认为，逻辑能够提供即时的确定性，以及权威性或可信度，尤其对教育行业来说。然而，逻辑的作用比人们所认为的有限得多。从本质上来说，逻辑由从一个陈述中推演出另一个陈述的一系列操作组成。从某种意义上来说，它只是明确了先前隐而不显的东西。这并没有给我们带来新东西，因为结论只是从前提中产生的必然结果，如下面这个例子：

前提1：所有的鸟类都有羽毛。
前提2：啄木鸟是鸟类。
结论：所以，啄木鸟有羽毛。

逻辑的另一个主要问题是，它所依赖的已有前提不是基于逻辑本身，是基于归纳论证。我们怎么知道"所有的鸟类都有羽毛"。事实上，我们并不确定，只是假设如此。因为目前为止，我们所见到和听闻的每一种鸟都有羽毛。没有羽毛的鸟类也可能存在，即使只存在于化石之中。事实上许多鸟类都是裸体孵化出来的。在很大程度上，所有的逻辑推理结果取决于我们如何定义相关术语以及定义的严密程度，在上述这个例子中，就是对"鸟类"的定义。事实上，关于鸟的定义有好多。

虽然通过归纳论证法推导出真理只是概率事件，但前者是认识当前世界一切事物的基础。我们对归纳论证法的合理性的唯一证明是它在过去是有效的，这也是一种归纳式的证明。不过，这就等于说归纳论证法是有效的，因为归纳论证法本身是有效的！

为了解决这个问题，著名科学家卡尔·波普尔（Karl Popper）提出，科学的发展基于演绎论证而非归纳论证，前者首先大胆地提出假设，然后试着证伪这些假设。如果波普尔是正确的，那么科学永远无法告诉我们什么是真的，只能告诉我们什么不是。我们会在第12章回到波普尔和归纳论证的问题上来。

即使排除归纳和演绎论证的这些问题，理性仍然是有缺陷的，即使不是在理论上，在实践上也是如此。一个钟摆的运动轨迹非常有规律，我们很容易预测，但如果有两个钟摆（一个钟摆系在另一个钟摆的尾部），那么他们的运动轨迹就会变混乱。如果你对这个问题感兴趣，可以在网络上搜寻有两个钟摆的视频来看看。同样，两个物体之间的相互作用可以简化为一个公式,比如太阳和地球之间,但三个物体之间的相互作用就会变得很复杂。这就是为什么农历月的时间长度不是一个常数,并且任何一个农历月的时间长度都很难估算。然而,相比于人类事务之间错综复杂的关系,三个物体之间的复杂性根本算不了什么。难怪有人时常说,将所有简单的问题都交给物理学家去解决。

理性在处理错综复杂的人类事务时往往会失灵,我们充满困惑,变得犹豫不决,这种状况有时长达多年,甚至带入坟墓。为了解决这类问题,我们很大程度上依赖情感和欲望等非理性因素的力量,这就是为什么亚里士多德在《修辞学》一书中详细剖析"激情"的原因。我们的情感和欲望决定了理性的目的,它们还决定了思考的难度,并且有意识地只对所有可用事实和反事实的一小部分给予关注。大脑受损、情感能力低的人在做决定时尤其困难,对任何事情都了无兴趣的人也是如此,后者这种情况是严重的抑郁症或者其他精神失常的一种症状。不过,过分依赖情感也有弊端,因为情感是非理性的,甚至可能会扭曲理性,比如,恐惧会促使人们做出各种自我欺骗的行为。不过,情感虽然是非理性的,但也不能让它们缺乏合理性,正如我在《天堂与地狱》(*Heaven and hell*)一书中论证的那样,一些情感是恰当或正当的,而有些则不是。因此,我们在学习数学和科学知识时,也要关注自身的情感教育。我将在第18章对情感这个主题展开深入讨论。

理性的另一个缺陷是，它有时得出的结论不合乎逻辑，甚至自相矛盾。在《论生成与消亡》（*On Generation and Corruption*）一书中，亚里士多德说，尽管一些思想家的论点看起来合乎逻辑，但当与事实联系在一起时显得很反常识。在柏拉图所著的《小希庇亚篇》（*Lesser Hippias*）中，苏格拉底认为，那些自愿做出不正义行为的人比那些非自愿的人要好。不过，他随后又坦白，有时他的想法正好相反，有时不确定哪种想法更为准确：

我现在的想法是基于我们之前的讨论，总的来说，那些非自愿做坏事的人要比那些自愿做坏事的人更坏，因此我希望你能善待我，不要拒绝医治我。如果你可以治愈我无知的灵魂，对我的好处将远远大于治愈我身体的疾病。

古希腊的智者会为那些有志于担任公职的富有的年轻人教授修辞学，这些智者包括普罗泰戈拉、高尔吉亚、普罗迪克斯、希皮亚斯等，他们都在《柏拉图对话集》中出现过。普罗泰戈拉收取的学费非常高。当时有位名叫欧提勒士的学生跟着他学习法律，在正式进入学习前，两人签订了这样一项契约：到毕业时，欧提勒士要付给普罗泰戈拉一半的学费，另一半学费等到他打赢第一次官司后再付清。然而，欧提勒士毕业后一直没有从事律师职业，普罗泰戈拉等得不耐烦了，就以未支付学费为由将学生告上了法庭，于是师生两人便在法庭上进行了一场辩论。普罗泰戈拉辩称："如果欧提勒士这次打赢了官司，那么按照契约，他应该付清我另一半学费；如果这场官司他打输了，那么按照法庭的判决，他也应该付清我另一半学费。无论他这次官司打赢与否，他都应该付清我另一半学费。"而欧提勒士运用老师的逻辑来反驳他："如果我这次官司打胜了，那么，按照法庭的判决，我不应该支付普罗泰戈拉另一半学费；如果这次官司我打输了，那么按照契约，我也不应该支付另一半学费；无论我这次官司打赢与否，都不应该支付另一半学费。"

当柏拉图和苏格拉底这样的哲学家用理性打开真理的大门时，普罗泰戈拉这类的诡辩家则滥用理性来煽动民众，赚得盆满钵盈。不过，我们毕竟都是社会性动物，理性更多地被用来解决实际问题和影响他人，而不只是被当作通往抽象真理的阶梯。更为重要的是，理性不是独立存在的，而是一项集体事业：至少其部分前提（常常是全部）依赖于他人的成就，而当我们自己受到同伴的激励和挑战时，可以取得更大的进步。

柏拉图所著《普罗泰戈拉》一篇的主题是，美德是可以教授的。在对话的最后，苏格拉底说，他起初的观点正好与此相反，但因为美德无异于其他知识，最终认为美德是可以被教授的。与此相反，普罗泰戈拉起初认为美德可以被教授，但之后又认为一些形式的美德不属于知识，因此无法被教授！如果他俩没有就这个主题展开辩论，那么俩人都会坚持各自粗糙的观点，无法获得任何提升。

为什么基于理性的言论如此荒谬，充满矛盾呢？第一个原因与语义模糊或模棱两可的语句有关，这也许是最大的根源。如果你从一堆沙子中取出一粒沙子，前者还是一堆沙子，但如果你一直重复这个动作呢？剩下的一粒沙子还是一堆沙子吗？如果不是，这一堆沙子是从何时变成不是一堆沙子的呢？葡萄酒评论家詹西斯·罗宾逊（Jancis Robinson）曾在社交网站上提出了这样一个问题：什么样的人有资格称自己为侍酒师？结果，她至少收到了十几种不同的回答。同样，我们也会对他人说类似的话："你不能做那个，好吧，你可以，但是……"

第二个重要原因与我们自身有关。我们的感知太粗糙，太有限，而且我们的头脑中存在一些固有观念，这些观念也许对我们自身有用，但不能精确甚至大致地反映现实。比如，芝诺悖论①打破了我们对运动的理解局限。这一悖论与量子理论的某些观点类似，认为空间和时间是离散的，而有一些与

---

① 芝诺悖论（Zeno's paradox）是古希腊数学家芝诺（Zeno of Elea）提出的一系列关于运动的不可分性的哲学悖论。——编者注

相对论的观点一致，认为它们是连续的。就我所知（我不是物理学家），量子理论和相对论一直是完全不调和的。其他一些概念超出了我们理解的范围，例如无穷和存在于宇宙之外的事物。

第三个原因与自我参照的表述有关。比如，"这个陈述为假"，如果陈述为假，那它就是真的；但如果它是真的，它就不是假的。我们还是不要再跳进这种无底洞了。

尽管存在这些缺陷，理性仍就很重要。毕竟，它是我们获得和平和自由的基础。不过，理性一直受到盲目的非理性力量的威胁。虽然我在本章强调了理性的局限性，但不是为了贬低或破坏它，而是为了更好地理解和应用它，甚至陶醉于它。

思想家布莱士·帕斯卡（Blaise Pascal）曾说："理性的最后一项作用是，认识到有无数事物是它力所不及的。如果认识不到这一点，它的作用就微乎其微。"

沉睡的理性将诞生怪兽

09　智力，取决于所属社会的优先级和价值观

关于智力，并没有公认的定义，比较常见的有，智力是指"思考、推理和理解事物的能力（而非单凭直觉做事），以及获取并运用知识的能力"。

也许，从痴呆症的角度来解释智力不失为一种好方法，我们就以最常见的阿尔茨海默症（也叫老年痴呆症）为例。这种疾病会导致多种高级皮质功能障碍，包括记忆、思考、方向感、理解、计算、学习、语言和判断等能力。患有阿尔茨海默症或者认知有严重困难的人很难应对环境的变化，因此，我认为应该将他们安置到护理中心或者相邻房间，这样对他们更有利。

从广义的角度来说，智力与我们应对环境压力的一系列

能力有关。显然,动物甚至植物也有这样的能力,它们也可以被算作有智力的生物。

西方人倾向于将智力看作一种分析能力。不过,在成员关系紧密的狩猎—采集社会,智力也许是指觅食能力,或者社交能力和责任心。即使一个社会中最备受推崇的能力,也会随着时间的推移不断变化。在西方,这种变化逐渐从语言能力转移到了更纯粹的分析能力,比如直到1960年,牛津大学和剑桥大学才放弃了将拉丁语作为入学条件。1990年,心理学家彼得·沙洛维(Peter Salovey)和约翰·梅尔(John Mayer)发表了一篇名为《情绪智力①》(*Emotional Intelligence*)的重要论文,很快风靡一时。同一年,蒂姆·伯纳斯-李(Tim Berners-Lee)②发明了第一个网页浏览器。如果没有计算机科学技术的出现和发展,我们今天肯定不会取得如此巨大的成就,计算机科学家也不会成为高薪层人士。因此,智力的定义取决于所属社会的优先级和价值观。

当前社会非常看重分析能力,而一些政治领袖利用这种能力为其恶劣行为辩护。西方对于理性和智力的重视由来已

---

① 情绪智力简称EI,是指个体监控自己及他人的情绪和情感,并识别、利用这些信息指导自己的思想和行为的能力。——编者注
② 英国计算机科学家,他因"发明万维网、第一个浏览器和使万维网得以扩展的基本协议和算法"而获得2016年度的图灵奖。——编者注

久，古希腊的苏格拉底、柏拉图、亚里士多德就是先驱。苏格拉底认为:"未经检验的生活是毫无价值的。"他通常采用辩证或问答的方法来教学，即通过向一个或多个人询问一个特定的概念，诸如勇气、正义，逐渐揭露他们最初的假设中存在的矛盾，然后引发对这个概念的重新评估。柏拉图认为，理性可以带领我们突破常识和日常生活经验的限制，达到最高的理想境界。他的一个著名理念是，建立一个由哲学家管理的理想国。亚里士多德认为，作为人类，我们的特殊之处就在于拥有独一无二的理性，因此我们终极的善和幸福在于过上一种理性思考的生活（见第8章）。用亚里士多德在其伦理学著作《尼各马可伦理学》中的话来说，"对于人来说，最重要的便是理性，理性的生活是最能满足自我、最愉悦、最幸福、最好、最神圣的。"在接下来的几个世纪，理性成为一种神圣的特性，它是按照上帝的形象创造的，只存在于人类身上。如果你正在为大学入门考试而苦恼，或者觉得这些观点不合理，现在你知道应该责怪谁了。

不幸的是，西方对分析能力的迷恋已经造成了严重的道德、政治和社会后果，而且这种现状还在恶化。康德最显著的成就是，将理性和道德地位联系起来。他认为，人具备理性，因此不应该像物品一样被用作工具，而应该被当作目的而存在。我们从中很容易得出这样的结论：如果一个人越具有理性，其道德地位和享有的权利和特权就越高。几个世纪以来，女性总被认为比较情绪化，也就是说，不够理性，因此她们被视为个人财产，或者二等公民。对有色人种的态度也是如此，统治他们不仅是白人的权利，而且是义务。英国诗人鲁德亚德·吉卜林（Rudyard Kipling）的诗作《白人的负担》(*The White Man's Burden*)这样开头：

> 肩负起白人的重担，
> 派出你们最优秀的后代，
> 捆绑起你们的子孙后代，放逐
> 去服务你们的奴隶；
> 在沉重的马具中等待
> 那些急躁而野蛮
> 刚被抓住的阴沉的人，
> 他们半是魔鬼，半是孩童。

那些曾被认为缺乏理性的人——女性、有色人种、下层阶级、体弱者、离经叛道者，不仅没有选举权，还被统治、殖民、奴役、谋杀、绝育，而且这些罪恶行为还得到了袒护。直到2015年，美国参议院才投票决定对那些还活在人世、受政府资助的绝育计划迫害的受害者进行赔偿，该计划的对象是"低智能者"。当前，白人男性最害怕的是人工智能会篡夺他们的地位和特权。

根据最近的一篇论文，智商仍被视为预测工作表现的最佳依据。不过，这没什么好惊讶的，因为智商和表现的定义非常相似，而且二者至少在某种程度上都取决于三个因素，比如服从、动机和受教育程度。

相比而言，天才更多地是由动力、远见、创造力、运气或机遇等因素决定的，而且，天才的智商门槛并不高，在125左右。诺贝尔物理学奖获得者威廉·肖克利（William Shockley）和路易斯·阿尔瓦雷茨（Luis Alvarez）都曾被特曼资优研究（Terman Study of the Gifted）[1]拒绝，理由是他们的智商平平。

获奖后不久，肖克利的兴趣逐渐转向了种族、智力和优生学研究，提出了一些充满争议性的观点，引发了一场针对智商测试及其适用性的争论。

---

[1] 一项自1921年开始至今还在进行的追踪研究，研究主题是探究资优儿童长大成人的过程和特征。资优儿童是对才赋优异的儿童的一种称呼。——编者注

10　知识，真的完全可靠吗

如果我们被彻底欺骗了怎么办？如果我们只是被浸泡在液体中的大脑，每天被疯狂的科学家刺激着，那该如何？如果我们的生活只是一场梦或者一个计算机模拟程序，又该如何？答案就是，我们就像柏拉图洞穴里的囚徒，所体验的不是现实本身，而是假象或者虚拟现实。我们无法真实地了解任何事情，包括我们被欺骗了这件事。

你更喜欢哪一种情况：成为浸泡在液体中的大脑，享受无尽的快感，还是成为真正的人类，遭受所有的挣扎和痛苦？事实上，大多数人都会选择后者。这说明我们看重真相和真实性，或者更广泛地来说，我们看重知识本身及其工具性。如果我们对理性感兴趣，那是因为我们对知识感兴趣，知识既是理性的产物，又是理性的原材料。

然而，我们即使没有被彻底欺骗，也无法确定我们是否真实地掌握了关于这个世界的知识。我们的大多数知识都来自感官，特别是视力，就如同一句俗语所说"眼见为真"。不同于英语表达，法语有两个表达"知道"的动词，即"savoir"和"connaître"。"Connaître"是指通过感官经验获取的直接的、有特权的知识。然而，正如我们所知，事物的表面具有欺骗性，比如，一根插在水里的木头看起来是弯的；从远处来看，阳光下的柏油路就像一条闪闪发光的河流。我们的感官会被操纵，比如，园林设计师会通过焦点或巧妙的种植来创造空间上的错觉。错觉是一种对刺激物的错误感知而产生的感觉，比如听到树叶"沙沙作响"的声音；而幻觉是指在没有刺激的情况下产生的感觉，比如在我们的感官区域内没有其他声音或人的情况下听到声音。在英国和德国进行的一项大规模调查发现，大约40%的人都产生过错觉和某种程度的幻觉。比如，我的大脑会将某种波长解读为红色，但另一种动物或者另外一个人可能会解读为完全不同的东西，或者根本感觉不到它。蝙蝠或者三文鱼体验到的世界与你我截然不同。那你呢？我怎么知道自己所经历的痛苦也是你经历过的痛苦呢？你可能会和我做出同样的反应，但这并不意味着我俩的思想相同。我们所知道的只是自己眼中的世界，而不是这个世界真实的样子。

除了通过感知获得的知识，大多数我们所认为的知识都是证言知识（testimonial knowledge），也就是通过他人所授的知识，这些知识一般来自老师、作家或者记者。我们是如何知道地球围绕着太阳转，而不是相反的呢？只是因为我们被这样反复告知。如果证言知识与我的世界观相冲突，且缺少第一手资料做参照，我倾向将其与其他形式的证言知识进行比较。如果有朋友告诉我，墨尔本是澳大利亚人口最多的城市，我可能会上网查证，然后发现答案是悉尼，即便我从未去过澳大利亚，也无法确定在网上找到的知识是否正确。

"地球围绕太阳运转"和"悉尼是澳大利亚人口最多的城市"都属于陈述式或命题性的知识，这类知识都可以通过陈述或命题来表达。我知道或者自认为知道，"我的钥匙在口袋里""基多是厄瓜多尔的首都""哈里王子和梅根·马克尔结了婚"。除了陈述性的知识，我还知道如何做饭、如何开车。知道某样东西与知道如何做之间的界线没有那么分明，不过，知道如何做可以被分解成知道多个某样东西。

知识意味着必须满足某些条件，比如，我知道阿索斯山（Mount Athos）在希腊，那就必须满足两个条件：第一，我认为阿索斯山在希腊；第二，阿索斯山的确在希腊。简而言之，知识意味着正确的认知。正确的认知比错误的认知好，因为前者更有价值。不过，正确认知的重要程度各不相同，比如，我认识到"酒被下毒了"比认识到"邻居有423张集邮"更有价值。一些正确的认知并没有什么价值，比如我认识到自己是个懦夫，这对自己并没什么帮助，更别说这种看法令自己很不愉快，因此我的一系列心理机制或自我防御机制会将这类认知排出在意识之外。相反，一些错误的认知对我有很大的帮助，比如我所在的国家或球队都很特别，这种认知至少对我脆弱的自尊来说是有益的。不过，我们应该努力最大化正确的认知，尤其是那些有价值的认知，而最小化错误的认知。

如果知识是正确的认知，那它就不同于任何一种正确的认知。偏执型精神分裂症患者总认为自己会受到迫害，比如，政府特工试图杀害他们。显然，这并不能算作知识，即使有时它碰巧是正确的。那些证据不足，即使偶然正确的认知也不能算作知识。在《米诺篇》中，柏拉图将"正确的观点"比作代达罗斯（Dædalus）① 创作的雕像，除非这些雕像能通过说明原因而被束缚住，否则就会逃跑，而当它们被束缚住时，知识就产生了。知识不仅是正确的认知，而且是经过证明的正确认知，这类知识也被称为三段论。抛开知识固有的价值，知识要比单纯的正确认知更稳定、可靠，也因此更有价值。

那么，知识需要什么样的证明呢？对于"人为因素造成了全球变暖"这一认知，我的依据是：媒体报道这是目前科学界的共识。那么，科学界的共识依据的又是什么呢？或者媒体

---

① 希腊神话中的人物，一位伟大的艺术家、建筑师和雕刻家。——编者注

报道的依据是什么呢？这会导致陷入一种无限循环，认知的依据没有一个坚定的基础。或许，我们的一些认知建立在自我证成的基础之上，正如笛卡尔的那句名言"我思故我在"（尽管这句话值得怀疑）。不过，很少有与我们的大多数认知无关的认知。实际上，我们的大多数认知都基于一种循环或者迂回的证明链，如果这种循环足够大，就会成为充足的依据。然而问题在于，人们可以选择生活在不同的循环之中。

  人们经常通过论证的方式来证明自己的认知。正如第1章提到的，论证主要分为两类：演绎和归纳。在演绎论证或"保真性"论证中，结论是前提的逻辑推理结果。在归纳论证中，结论仅来自前提的支持或暗示。第三种论证方式是溯因论证，它是指对所观察到的事物的最佳解释，例如，医生通过一系列症状诊断出疾病。实际上，溯因论证是归纳论证的一种简单形式。无论是归纳论证还是演绎论证，都有可能成为谬误。然而，还有一个更深层次的问题，它来自归纳论证。这种论证既不安全，也不可靠，难怪哲学家查理·邓巴·布罗德（Charlie Dunbar Broad）称它为"科学的荣耀，哲学的丑闻"。由于归纳论证常常为演绎论证提供前提，因此这个问题比我们想象的更严重。用哲学家查尔斯·奥右斯都·斯通（Charles Augustus Srong）的话来说：

  哲学家常被认为是充满理性的人，但我更愿意将他们看作谨慎地对待自己的假设的人。最敏捷的推理者有时也会漠视提出的前提条件，或者没有谨慎地对待它们，正如伯特兰·罗素所说，数学家就是这类人：不知道自己在说什么，也不在意所说的是否正确，只要合乎理性就好。

这些例子都表明，我们很难找到知识的证明依据。关于知识的三段论也存在一个问题。1963年，哲学家埃德蒙德·盖蒂尔（Edmund Gettier）提出，在某些情况下，如果一个人所相信的东西虽然得到了一定程度的证实，但没有达到绝对的程度，那么，这个人可以被认为没有得到知识。举个例子，假设有天晚上我正在床上睡觉，突然听到有人好像在撬门。于是我打电话报警，说有贼潜入我家。一分钟之后，警察来了，果真发现有人。不过，这个人并不是贼，而是一名刚参加完聚会、喝得酩酊大醉的大学生，他误把我家当成了他家。在这个例子中，尽管我的认知是正确的，也有依据，但准确地来说，它不能算作知识。回答盖蒂尔问题通常需要运用三段论推理，这样做会避免运气成分和错误的证据。然而，这会使知识的门槛变得太高。

正如盖蒂尔所说，判别知识的实例并非易事。与其定义知识的标准，再从这些标准中识别知识的实例，还不如从识别知识的实例开始，然后从这些实例中总结出知识的标准，这样或许更容易一些。然而问题是，如果我们不首先对知识做出定义，如何能识别出知识的实例呢？如果我们不首先识别出知识的实例，又如何设定知识的标准呢？这就是知识的"第22条军规"，无论采用何种形式，我们永远无法从根本上解决这个问题。

柏拉图的洞穴理论

柏拉图认为，有些人一生都在洞穴中度过，只有些许光从洞口处照射进来。他们面朝洞穴墙壁，腿脚和脖颈都被锁链绑住了，动弹不得。在他们的后上方，有一团正在燃烧的火，而在他们和火之间有一道矮墙，墙后面的人将各种各样的雕像举过头顶，而火将这些雕像的影子投射到墙壁上。这些面朝墙壁的"囚徒"除了投射的影子外什么也看不到，因此他们认为，影子就是事物本身。

如果这些"囚徒"解开枷锁链转头看向光源，便会感受到突如其来的痛苦，但随着时间的推移，他们会识别出雕像。之后，他们会走出洞穴，外面的光线非常明亮，以至他们只能看到阴影，然后是映影，最后是物体本身——那些雕像只是苍白的仿制品。接着，他们抬起头看到了太阳，明白了太阳才是这一切的原因，包括光、视觉和视觉对象。

柏拉图的洞穴

教育的目的就是将"囚徒"带离洞穴，不仅要将知识灌入他们的灵魂，更重要的是让他们的灵魂朝向太阳，这就是"善"。

一旦走出洞穴，"囚徒"就再也不愿意回去，他们会将自己与人类事物关联在一起。如果他们不想回去，就必须回到社会中去，参与人类的劳动和荣誉，因为国家的目标不是实现一个人或一个阶层的幸福，而是全体公民的幸福。更重要的是，获得自由的"囚徒"有义务服务于国家，因为是国家教育了他们，让他们见到了太阳。

11　记忆，擅长记住它想记住的

在《权力的游戏》一书中，埃布罗斯大学士对守夜人山姆威尔·塔利说：

在这个城堡，我们为着不同的理由过着不同的生活。我们就是这个世界的记忆，山姆威尔。没有我们，大家比狗好不到哪里去，除了最后一顿饭什么都不记得，除了下一顿饭什么也不期盼。每当你离开这里，关上门，他们就会嚎叫，就像你要永远离开似的。

在一次战争会议上，布兰·史塔克透露夜王正在追杀他，因为他是三眼乌鸦，代表着人类的集体记忆。"无尽的黑夜，他想毁灭这个世界，而我就是世界的记忆。"山姆威尔回答说："那就是死亡，不是吗？遗忘，被遗忘，人们忘记我们曾去往何处，曾做了什么，我们不再是人，只是动物……"

记忆就像一个或多个系统，大脑通过它来登记、存储和读取信息，以优化未来的行为。

记忆分为短期记忆和长期记忆，长期记忆又分为情景记忆和语义记忆。情景记忆记录了感官体验，而语义记忆记录了抽象的事实和概念。这两种记忆的区别隐含在一些语言中的动词表达形式中，比如表示"知道"的动词，在法语中，"知道"就有两种表达方式——"connaître"和"savoir"，"connaître"是指一种直接的、有特权的知识。

记忆和知识之间存在紧密关联。"connaître"和"savoir"的二分法也属于知识理论，它区分了通过直接的感官经验获取到第一手知识和通过他人（通常是老师、作家和记者）的言论获得的证言知识。在缺乏一手知识的情况下，证言知识的准确性只能通过对比其他证言信源来证实。同样，大多数记忆的准确性也只能通过对比其他记忆来证实。

情景记忆和语义记忆被认为是显性的。不过，还存在第三种记忆——程序性记忆，它是内隐的、无意识的，这类记忆用于使用技能，比如阅读、切菜以及骑自行车。如果情景记忆相当于第一手知识，语义记忆相当于证言知识，那么程序性记忆就相当于专业知识。虽然情景记忆和语义记忆被认为是显性的，但它们可以在不需要任何有意识的检索和处理的情况下影响行为，这也是广告和洗脑等行为的目的。如果让我回忆去年发生的事情，我只能想起去乌拉圭度假的一点儿经历，至于2010年全年的记忆就更少了。我们的大多数记忆都隐藏在意识检索范围之上或之下，被锁在一个黑暗的地窖里，没有机会逃出来。

记忆很神秘，甚至可以说不可思议：大脑通过有机物质以某种方式重新组织自己，对经验、事实和程序进行编码。最神秘的记忆莫过于前瞻记忆。举个例子，为了在妈妈生日那天给她打电话，我不仅要记住她的生日，还要记住要记住这件事。再比如，每次我忘记设置闹钟时，自己都能及时醒来赶上预约或者飞机，即使我只睡了三四个小时。这说明，即使在睡眠中，大脑仍然记得要记住的事情，而且可以记录时间。

记忆分散在大脑的不同区域，用的都是不同的编码，这意味着大脑损伤或精神疾病会对记忆造成很大的影响。比如，科尔萨科夫综合征（Korsakov syndrome，又被称为健忘症），这是一种因大脑缺乏维生素B1而引发的精神障碍，导致对丘脑的乳突体和背内侧核造成损害。这类疾病对情景记忆的影响大于对语义记忆的影响，对顺行性记忆（形成新记忆的能力）的影响大于对逆向性记忆（存储旧记忆的能力）的影响，而短期记忆和程序性记忆有所增多。此外，阿尔兹海默症对短期记忆的影响大于对长期记忆的影响,至少在疾病初期的几个阶段是这样。

作为一名精神科医生,我经常和患有阿尔兹海默症的人接触,这让我深刻地了解了记忆对日常生活的重要性。没有记忆的生活就如同生活在永恒的现在,没有过去,没有未来,一遍又一遍经历着同样的想法,同样的问题,同样的恐惧。如果没有任何记忆,我们就无法说话、阅读、学习、找到方向、做出决定、识别或者运用物品、做饭、打扮,以及发展和保持一段关系,更为本质的问题是,我们无法知晓任何事情,因此也没有推理能力,即从知识中构建新知识的能力。如果没有记忆,我们就不可能创造任何事物或者从事任何形式的、持续的、以目标为导向的活动。在希腊神话中,记忆女神谟涅摩绪涅连续九晚和宙斯同眠,孕育了九位缪斯女神。如果没有记忆,就不会有艺术、科学、工艺和文化,更别谈意义了。

怀旧和对过去的感怀往往是由孤独、脱离联结之感或者无意义感引起的。回顾过去可以让我们获得急需的背景、视角和方向,也可以提醒并安慰自己,我们的生活并不像看起来的那么索然无味,它根植于一种叙事之中,那里曾有(将来也会有)一段充满意义的时刻和记忆。看看人们在婚礼和婚纱照上的花费以及复杂的婚礼流程,我们总是不遗余力地制造有意义的时刻和回忆。然而，那些记忆受到严重损伤的人无法再重温过去，而是会通过虚构记忆或者编造记忆来创造他们渴望的意义和认同感。在英格兰南部的一家养老院，我曾问诊过一位患有严重阿尔兹海默症的85岁的老太太。她当时坚持认为我们身在马贝拉的一家酒店，而她正在策划自己的婚礼，没时间和我交谈。当我问她"你昨天做了什么"时，她眼中闪烁着光芒回答道："我昨天去城里参加婚前单身派对了，和朋友喝了香槟和高级鸡尾酒，直到酩酊大醉。"

撒切尔夫人的前新闻秘书伯纳德·英厄姆（Bernard Ingram）曾透露说，自从撒切尔夫人患上阿尔兹海默症后，"时间好像停止了运转"。

当我去看望她时，她总会说："你愿意坐下来喝杯咖啡吗？"然后期待地看着我："有什么事情吗？"我们一直聊报纸上的一则新闻，在一小时内，我们就这个问题至少说了6遍，因为她总是忘记。如果这不是个悲剧的话，一定会很好笑。她说："我们怎么会陷入这种困境呢？但更重要的是，我们有什么应对之策呢？"

对意义的追寻深植入人类的天性之中，因此柏拉图将人类定义为"一种追寻意义的存在"。记忆就是意义，遗忘就是死亡，作家的职责与其说是讲述，不如说是提醒。

然而，记忆并非都可靠。可以说，怀旧和虚构一样，是一种自我欺骗，因为它包含了对过去的理想化和扭曲。罗马人对心理学家所说的"乐观的回望"有另一种解读：过去总是被记住美好的一面。"在其他方面，记忆也是不可靠的。"美国小说家约翰·巴思（John Barth）曾说，"每个人都必然是他自己故事的英雄。"

我们总是会加深那些与自己的认知一致的记忆，而舍弃或扭曲那些与之矛盾的记忆。我们总是会记住一些有重要意义的时刻，比如初吻和第一天上学的情景，而且经常回顾它们，这反过来加深了记忆。不过，即使这样，我们也只记得一两个场景，只记得主要元素，并通过重建或"平均记忆"来填补空白和背景。我们有时会经历一种"似曾相识"之感，即正在进行的场景仿佛已经发生过似的，这种感觉可能源于当前的场景与平均记忆之间的匹配。我们的记忆会被兴趣和情感过滤或者改写。对于同一件事，两名支持不同球队或者政党的人可能会记住完全不同的方面，对事实产生完全不同的见解。2019年欧洲议会选举之后，赞同脱欧和反对脱欧的人都声称他们赢得了选举。

一般来说，充满情感的事件更容易被记住。有研究发现，注射皮质醇或肾上腺素可以提高记忆的留存率。不过，如果当时的情感处于高度紧张状态，记忆也会受损，因为认知资源被分散去应对其他事件，比如，逃离枪手的枪口，而非记住他的衣服或者脸部特征，此时你对枪手的任何关注都可能集中在枪上，这会导致对周边的一切失明。这种情况会影响目击证人证词的准确性，同时也可能会因诱导性的提问而扭曲事实。在一项名为"修复破坏的汽车"的著名研究中，研究人员邀请一些人来估计一辆汽车在发生撞击时的速度。结果发现，提问者用于描述问题的动词（粉碎、碰撞、撞上、击中或接触）会改变人们对速度的看法。另外，那些被问到"粉碎"这个词的回答者更有可能联想到玻璃的破碎。在创伤性事件之后，有些人为了应对难以承受的压力，可能会将自己从事件中抽离出来，比如忘记所有与事件有关的事情（解离性健忘症），甚至像侦探小说家阿加莎·克里斯蒂（Agatha Christie）作品中的人物那样，以另一种身份开始一段意想不到的旅程。总而言之，高强度的情感会加深记忆，而巨大的压力和创伤则会损伤记忆。

在所有的感官中，嗅觉可以唤起最生动的记忆，即使这些记忆来自非常遥远的过去。在大脑中，嗅球与杏仁核和海马体有直接的联系，而它们对记忆和情感的影响非常大。这三个结构，即嗅球、杏仁核、海马体，组成了边缘系统的一部分，而边缘系统被认为是最古老、最原始的大脑系统之一，在数十万年前就已形成，有时被称为"古哺乳动物脑"，它控制着记忆、情感和动机。在一篇名为《玛德琳时刻》（The

Madeleine Moment）的文章中，著名作家马塞尔·普鲁斯特（Marcel Proust）写到，某些气味具有不可思议的神奇能力，可以再现过去的美妙情景。

带着点心渣的那勺茶一碰到我的上唇，顿时使我浑身一震，我注意到自己身上发生了非同小可的变化。一种舒坦的快感传遍全身，我感到超脱了俗世，却不知出自何故。我只觉得人生一世，荣辱得失都平淡如水，背时遭劫亦无甚大碍，所谓人生短促，不过是一时幻觉。那情形就好比谈恋爱，一种可贵的精神充实了我。也许，这感觉并非来自外界，它本来就是我自己。我不再感到平庸、凡俗。这股强烈的快感是从哪里涌出来的呢？回忆突然出现了：那点心的滋味就是我小时候某一个星期天早晨吃到过的"小玛德莱娜"的滋味。那天我没有出门，去莱奥妮姨妈的房内去请安，她把一块"小玛德莱娜"放到不知是茶叶泡的还是椴花泡的茶水中，浸过之后递给我吃。看到这种点心，我并不会想起这件往事，但当我尝到味道时，往事才浮上心头。

下面有10种提升记忆的方法，它们也有助于你了解记忆的工作原理：

1. 多睡觉。如果你在非常疲惫的时候阅读或学习，就会忘记大部分内容。睡眠有助于提升专注力、记忆力以及加深记忆。

2. 集中注意力。如果不集中注意力，你就没有办法获得信息，而获取不到信息，自然就没法记住它们。如果你对某些事情非常感兴趣，就很容易记住它们。所以，试着对所有事情都感兴趣吧！就像爱因斯坦所说："活出人生，只有两种方式，一种是认为世上毫无奇迹，一种是认为一切皆是奇迹。"

3. 让更多的感官参与进来。比如，如果你正在参加一场讲座，那么试着记下一些笔记。如果你正在阅读，大声读给自己听，并加入一些戏剧性的元素。

4. 将信息结构化。如果你要记住一份食材名单，请将它们放在开胃菜、主食和甜点的小标题下，然后想象每个小标题下面的食材数量。

5. 对信息进行加工。如果可以的话，用你自己的语言总结一遍信息，或者重新组织以便更好地学习。如果遇到很复杂的信息，试着去理解它的含义和意义。饰演莎士比亚作品的演员发现，如果他们能够理解和感受到台词所传达的含义，就越容易记住他们。将注意力集中在重要的事情上，或者关注大局。用奥斯卡·王尔德的话来说："人们应该吸纳生活的色彩，但不应该记住它的细节，因为细节总是庸俗的。"

6. 将信息和你所知道的事物联系起来。如果将信息情景化，就更容易记忆。

7. 使用助记符号。将信息与视觉图像、句子和首字母缩写联系起来。比如，你可以通过"Richard Of York Gave Battle In Vain"（纽约的理查德进攻失败）这个句子的首字母来记忆彩虹颜色的正确顺序（红、橙、黄、绿、蓝、靛、紫）。

8. 重复。当天学习完，次日就要复习，然后每隔一段时间复习一遍，直到熟练掌握为止。记忆不重复就会消失，或者被其他记忆覆盖。

9. 结合情景。当你身处相似的情境或心理状态时，更容易回忆起一些事情。比如，当人们心情低落时，总会回忆起他们的失败和所失，而忽视了自己的优点和取得的成就。如果有一天你在街上遇到了奶酪小贩，她没有像通常那样穿围裙，你可能不会立刻认出她，即使你跟她很熟。你可能还会说："天哪，我好像在什么地方见过你？"如果你在为一场考试做准备，那么试着模拟考场的环境，比如，你可以在相同的时间段坐在一张相似的桌子前，进行一场模拟考试。

10. 培养创造力。离奇或不寻常的经历、事件和联想更容易被记住,不熟悉的经历往往会牢牢地印在我们的脑海里,就如同旅行和节日会让生活变得更为深刻。

我们的记忆像生活一样或长或短,像想象一样丰富,像感觉一样活跃,像思想一样深奥。

12 科学，通过一次一次的葬礼进步

如果知识不完全可靠，科学又如何呢？有时人们会提出疑问：历史上90%的科学家都仍健在，为什么科学没有以突飞猛进的势头向前发展呢？

如果有人说一件事具有"科学性"或者"是经过科学证明的"，他实际上是说这件事"具有即时的可信度"。相信科学的人数超过了信仰宗教的人数，尤其在北欧，因此，对科学的攻击可能会招来强烈的反驳。为了模仿物理学或者沾它的光，许多领域的研究都披上了科学的外衣，比如经济科学、政治科学、社会科学等。无论这些学科是否属实，真正的科学仍有待讨论，因为事实上，我们没有任何明确或可靠的标准来区分科学与非科学。

不同于魔术和神话，所有的科学都有一些共同的假设，这些假设是科学方法的基础，尤其对于由统一规律支配的客观事实来说，这类事实可以通过系统的观察来发现。科学实验基本上是一种可重复的过程，旨在证明或反驳那些关于事实本质的特定假设。

科学实验一般通过消除或控制其他可能与正在研究的因素混合或者已经混合的变量，来将目标因素单独拎出来。该过程基于以下重要假设：任何潜在的混合因素都可以被识别和控制；对于目标因素来说，所有的测量方法都能获得同样的结论，且具有同等的敏感度；所获得的结论都经过了理性、客观的分析和解释。

不过，科学实验仍旧会得出错误的结论。比如，在做药物实验时，被试没有足够随机地分配到实验组和对照组，或者研究者或实验对象隐瞒了部分信息，这些行为都有可能导致夸大药效。研究者有时可能会有意或无意地隐瞒或忽略那些与期待不符的数据（单方论证），或者偏离最初的假设转而寻找偶然或未受控制的相关性（数据捕捞）。实际上，那些在偶然情况下获得的积极结论比消极结论更有可能得到发表，这就会产生一种误导，即由于大多数药物研究结果是积极的，导致人们误以为药物的效果比实际更好。一项令人震惊的系统性审查发现，相比于独立资助的药物研究，由制药公司资助的药物研究得到发表的概率更低；而那些已发表的药物研究则更有可能为其赞助商的产品带来正面效应!

这类问题多不胜数,更不用说那些复杂且棘手的哲学问题。根据现有的历史记录,"知识"是基于权威确立的,尤其是《圣经》和那些长着胡子的白人,比如亚里士多德、托勒密和古罗马时代的医学家克罗狄斯-盖伦。不过在当下,知识是基于观察确立的,因此更加可靠。对于那些无法通过直接观察和受限于人类感官的科学知识,我们先撇开不谈,先来看看可直接观察的知识。科学哲学家诺伍德·拉塞尔·汉森(Norwood Russel Hanson)曾说"所观察到的应该远多于眼睛所看到的"。

观察是一种经历。视网膜的反应只是一种物理状态……是人在看,而非他们的眼睛,摄像机和眼睛都是瞎子。

观察的过程同时涉及感知和认知。通过感官所得的信息会经过信念、经验、期待、欲望和情绪等因素的过滤、解释,甚至扭曲。观察的结果最后会被组织成由语言符号和概念组成的事实陈述,而每种语言符号和概念都有自己独特的历史、内涵和局限。这就意味着,若想验证一个假说,就不能脱离其产生的背景理论、架构和假设。

这一点很重要,正如我们在第8章和第10章所谈论的,科学主要是基于归纳论证法获得的,也就是通过对大量有代表性的样本进行观察所获。然而，无论观察多么客观、精确和详尽，其本身并不能保证假设的有效性。我们如何知道火烈鸟是粉红色的呢？实际上，我们并不确定。我们之所以这样认为，只是因为到目前为止，我们看到的每只火烈鸟都是粉红色的。但是，这并不能排除存在非粉红色火烈鸟的可能性。如果有只火鸡每天早上都会被按时喂养，那么它可能会通过归纳论证法推理出，它每天早上都会被喂食，直到平安夜那天，好心的农夫宰杀了它。就如同我在第8章所说，归纳论证法只产生概率上的真理，但它却是我们认识当前世界一切事务的基础。我们认同归纳论证法的唯一依据是，它在过去是有效的。这是一种归纳式的证明，也就是说，归纳论证法之所以是有效的，是因为其本身是有效的。

也许，科学的发展并非基于归纳论证法，而是溯因推理（abduction）①，或是通过为观察结果寻找最可能的解释的方法。例如，医生会根据一系列症状制定出或多或少符合临床情况的有效诊断（见第10章）。实际上，溯因推理只是一种"逆向推理"，在形式上等同于肯定后件的逻辑谬误（见第1章）。

　　如果A，则B。
　　B。所以A。
　　如果我消化不良，则我患有中央胸痛症。

---

① 指用假设的理论去与经验相对照，以证明理论的正确性。——编者注

我患有中央胸痛症。所以，我消化不良。

然而，我也可能患有心绞痛、心肌梗塞、肺栓塞，我该如何确定自己患的到底是哪种疾病呢？在医学院，学生们常被教导"普通的东西是普遍的"。这是奥卡姆剃刀式的说法，即选择最简单的解释。奥卡姆剃刀原理也被称为"简单有效原理"，常被当作归纳推理的原则。不过，最简单的解释并不一定是最佳或者最正确的解释，宇宙远比我们想象的神秘，更别提我们是从上一代人才开始真正了解宇宙的。更重要的是，我们可能无法确定哪个才是最简单的解释，甚至"简单"这个词在相关语境中的含义。有人认为，在造物方面，上帝是最简单的解释，但有些人认为，"上帝"这个概念太过牵强附会。不过，奥卡姆剃刀原理仍然蕴涵着智慧和洞见：虽然最简单的解释可能是不正确的，但我们也不应该执意去修正自己偏好的假设，以取代简单的解释。顺便提一下，从心理层面来说，与奥卡姆剃刀对等的是汉隆剃刀（Hanlon's razor），后者是指绝不要将可以用疏忽、无能或愚蠢充分解释的事情归咎于他人的恶意。

此外，简单的假设也更有效，因为一旦有错，它们更容易被证明。为了让科学摆脱归纳论证法的局限性，卡尔·波普尔（Karl Popper）提出，科学的过程不应该是归纳性的，而是演绎性的，即人们应该大胆地提出假设，然后再寻找不相符的证据来推翻或证伪这些假设。①

所有的火烈鸟都是粉红色的。但是快看,那儿有一只火烈鸟不是粉红色的。所以,上述陈述是错误的。

根据波普尔的观点,弗洛伊德和马克思的理论不属于科学,因为到目前为止,这些理论还不能被证伪。不过,如果波普尔的观点是对的,即科学的过程是通过演绎论证法来证伪,那么科学永远无法告诉我们什么是什么,只能告诉我们什么不是什么。即使我们获得了某种真理,也无法确定我们是否获得了。证伪原则的另一个问题是,如果假设和事例自相矛盾,那也可能是事例错了而非假设,因为在这种情况下,否定假设就是一种错误。科学家应该在明显的证伪面前坚持自己认可的假设,但在强有力、重复的证伪面前,就不应该固守自己的假设。这是一种微妙的平衡。

托马斯·库恩(Thomas Kuhn)认为,科学的假设受到世界观或范式②的影响和限制。大多数科学家对范式一无所

---

① 卡尔·波普尔在《猜想与反驳》一书中提出科学和非科学划分的证伪原则。非科学的本质不在于它的正确与否,而是在于它的不可证伪性,而科学和非科学一样,都既包含着真理,又包含着谬误。——编者注

② 在库恩的科学哲学思想中,"范式"(paradigm)是一个核心概念。库恩借用这个概念来表示科学史上某些重大的科学成就所形成的科学内在机制和社会条件,以及由这种机制和条件构成的思想和信念的基本框架。——编者注

知，就像鱼儿对水一样，无法看穿或者看透它。事实上，我在牛津大学教过的很多临床医学专业的学生，即使他们已经获得了科学学位，也都不知道范式的具体含义。当事例和范式出现冲突时，事例一般会被舍弃或忽略。然而，这个世间没有什么是永恒不变的，在经过多次的反驳和求证之后，范式逐渐会被推翻。很多范式最后都变成了事例，比如亚里士多德的机械论到经典机械论的转变，瘴气理论到细菌理论的转变，临床诊断到循证医学的转变。1949年，安东尼奥·埃加斯·莫尼斯（Antonio Egas Moniz）因发明脑叶白质切除术（lobotomy）而获得诺贝尔奖，这项手术也被称为额叶切除手术，即切断与大脑前额叶皮质的大部分连接，而到了今天，这项技术被嘲笑为来自黑暗时代的野蛮疗法。当然，范式不会一夜之间消亡。理性在很大程度上是一种工具，用来证明我们已经倾向于相信或程序化的东西。人类的生活不可能容纳一种以上的范式，马克斯·普朗克（Max Planck）曾说过：

新的科学真理能够获得胜利，并不是因为它能说服其反对者，让他们看到光明，而是因为反对者终究都会逝去，熟悉它的新一代人则会成长起来。

简而言之，科学是通过一次又一次的葬礼而前进的。

库恩在《科学革命的结构》一书中提出，不同的范式之间不仅相互竞争，还相互对立，这意味着没有独立的标准来评判它们孰优孰劣。为了扬波普尔和库恩之长，纠二者之偏，伊姆雷·拉卡托斯（Imre Lakatos）提出了科学研究纲领方法论。科学研究纲领由硬核和保护带组成，硬核是指不容反驳和改变、稳定且确定的基本理论，保护带则由可以随时调整与改变以应对反常情况的辅助性假设和应用理论构成。在不危及科学研究纲领的情况下，硬核是不能被遗弃的，但可以通过调整辅助性假设，来保证硬核不受反常情况的影响以及不可被证伪。科学研究纲领分为渐进式科学研究纲领和退化式科学研究纲领，前者通过调整辅助性假设，增强了预测能力，也增强了其合理性，而后者的陈述则会逐渐变得贫乏且繁琐。拉卡托斯说，退化式科学研究纲领终会被取代。例如，以牛顿三大运动定律为核心的经典力学虽然在以前很受推崇，但随着人们的不断探索和求证，它逐渐被狭义相对论取代。

科学哲学家保罗·费耶阿本德（Paul Feyerabend）认为，拉卡托斯的理论是对伪科学合理性或客观性的批判，而他本人是无政府主义者，即使他在隐藏这一点。费耶阿本德认为，科学方法论是多元的，其唯一的原则是"怎么样都行"；而且，作为知识的一种形式，科学并不比魔术、神话和宗教更优越。实际上，在人类心目中，科学已经占据了宗教曾经占据的位置。尽管科学起源于一场解放运动，但它逐渐变得独断专行和具有压迫性，与其说它是一种促使进步的理性方法，还不如说它是一种意识形态。用费耶阿本德的话来说就是：

> 知识并不是一系列自洽的理论，也不会成为一种理想的观点；相反，它是一则由不断增加的互不相容（甚至可能无法比较的）的支流组成的汪洋，每个单独的理论、童话、神话都是其中一员，它们相互作用、竞争，促使彼此变得清晰可辨，从而让我们的意识获得发展。

费耶阿本德从来都不是那种含糊其辞的人，他曾写道："我的生活是一系列偶然事件的结果，而非目标和原则的结果。我的智力工作只是其中微不足道的一部分，爱和个人感悟才最为重要。那些卓越的知识分子因热衷于追求客观性而抹杀了这些个人品质，他们是罪犯，而非人类领袖。"

每个出现又消失的范式最终被证明都是错误、不准确或不完整的。如果我们认为当前的范式就是真理，是全部且唯一的真理，那就是既无知又傲慢。如果我们从事科学仅仅是为了预测和获得成功，那么这可能就没有那么重要，我们可以继续使用过时或不可靠的理论，比如牛顿的运动定律，只要它们有用。但是，如果我们能用更真实、严谨，以及更具想象力和开放的态度去指导科学，那将更有所获。

13 真理，可以选择的事实

柏拉图在《克拉底鲁》一篇中探讨了语言哲学，其中引用了苏格拉底的一句话："'aletheia'（真理，希腊语）这个词源自短语'a wandering that is divine'（神圣的流浪者）。"自从柏拉图之后，很多思想家将真理与上帝等同起来，并将其与正义、权力和自由联系在一起。耶稣曾对犹太人说："你们必晓得真理，真理必叫你们得以自由。"

如今，上帝已死，那么真理呢？美国前总统特朗普的私人律师鲁迪·朱利安尼（Rudy Giuliani）说"真理并不是真理"，而前总统顾问凯莉安妮·康威（Kellyanne Conway）则在公众面前宣称"真理是可以选择的事实"。在英国脱欧公投期间，司法大臣和大法官迈克尔·戈夫（Michael Gove）说"人们已经受够了专家"。

公元前31年，亚克兴战役战败后，古罗马军事家马克·安东尼（Mark Antony）听到谣言说，埃及艳后克利奥帕特拉（Cleopatra）自杀了，他听后也想随她而去。最终却发现，这个谣言就是克利奥帕特拉自己散布的。后来，他在她怀中死去。在互联网时代，"假新闻"已成为司空见惯的事情，它就像疾病一样蔓延，操控选举，煽动社会动荡，削弱机构的公信力，转移用于医疗、教育和健康运转的政府的政治资本。最初，"假新闻"指的是那些极受欢迎的虚假新闻，即便特朗普拓宽了它的定义，将对他不友好的新闻也纳入其中。

那些感到警觉或者绝望的人，也许可以从哲学家索伦·克尔凯郭尔（Søren Kierkegaard）的观点中得到一些安慰：

真理往往掌握在少数人手中，少数人往往比多数人更强大，因为少数人是由那些真正有观点的人组成的，而多数人的力量只是一种假象，他们是由一些没有观点的乌合之众组成的，当少数人的观点占上风时，多数人就把他们的观点占为己有，于是这些观点便成了多数人的观点，由于得到大多数人的支持，这些观点开始变得有名无实，而真理则又一次转移到另一批少数人手中。

正如我们所发现的那样，无论是逻辑、理性，还是科学，都无法保证所得必定是真理，尽管它们自身基于真理。那么，什么是真理，我们又如何才能得到它呢？

理解真理的一种方式就是看它的对立面，或者多种对立面，比如谎言和废话。这两者的区别是，说谎者以掩盖真理为目的，而废话连篇的人则完全不会关注真理，甚至对其听众所相信的东西也漠不关心。用著名道德哲学家哈里·法兰克福（Harry Frankfurt）的话说就是：

说谎的人和说真话的人可以说是同一场游戏中的相互对立面。每个人都根据自己的理解对事实做出回应，一方的回应是基于真理的权威回答，另一方则蔑视这一权威，拒绝按其要求回答。而那些废话连篇的人则完全无视这些要求，他们不像说谎者一样拒绝真理的权威性，也不与真理为敌，而是完全不在意。基于这个原因，相比于谎言，废话则是真理更大的敌人。

真理与其说是思想和观点的产物，不如说是信仰和主张的产物。然而，信仰和主张某事，并不能确保它就是真实的，否则"相信某物使其为真"的说法就会和"相信某物不能使其为真"就自相矛盾了。几个世纪以来，哲学家一致认为，如果思想或语言对应于一个独立的现实世界，那么它就是真实的。亚里士多德认为，将"是什么"说成"是"，"不是什么"说成"不是"，就是真。阿拉伯哲学家伊本·西那（Ibn Sina）认为，真理是"与心灵相互对应的外在事物"。不幸的是，对于这种所谓的真理对应理论，心灵并没有按照现实本身去感知它，而是竭尽所能地过滤、扭曲和解释它。在现代社会，有人认为，真理是有社会和文化进程建构的，更不用说个人的欲望和性情了。法国哲学家米歇尔·福柯（Michel Foucault）曾说真理既没有逻辑基础也不是心理活动的结果，而是一种政治效应（在一个特定的社会中，一切与权力有关系的都是政治）。诸如种族、性和精神障碍的分类和概念可能都无法反映生物学意义上的现实，更别提形而上学层面的现实了。

根据真理的融贯论，如果一件事能轻松地融入一个庞大而连贯的信念体系，它就更有可能是真实的。虽然这个体系可能是虚构的，完全和现实脱离，但如果我们以真诚、真实而非怀疑或者夸张的态度来对待它，随着我们的求证、完善以及补充，它会变得越来越真实。这样看来，真理并不是一种属性，或者不仅仅是一种属性，而是一种态度，一种存在于这个世界的方式。德国哲学家马丁·海德格尔（Martin Heidegger）对此有着更深刻的阐述：

"真理"不是正确命题的特征，这些命题由"主体"人针对"客体"提出，它们在我们不知道的某个情景下"有效"。相反，真理是对存在的揭示，通过真理，一种开放终于展开。人类所有的行为都在其开放区域之内。

如果我们能够做一些有助于这个体系及其组成部分的事情，那么一切都会变得更好。从真理的实用论的角度来说，真理能够带来成功的行为。因此，成功的行为是真理的标志。显然，如果我们的科技不先进，就无法向月球发射火箭。美国哲学家威廉·詹姆斯（William James）认为，"真理"不过是我们思想上的权宜方便而已，正如"正当性"是我们行为上的权宜方便。如果某些事物有功用，那它很可能是真实的，如果没有，则可能不是真实的。然而，如果有些事情对我有用，对你没有呢？这是否意味着，它对我来说是真实的，但对你则不然。尼采认为，真理就是权力，权力就是真理："错误的判断并不一定是对判断的反对……关键问题是，它在多大程度上提高了生活质量，保护了生命和物种，甚至是物种的繁衍？"它的短期或者长期代价又是什么呢？

如果某件事情能融入一个体系，或者带来成功的行为，这可能说明它是真实的，但它无法告诉我们，究竟什么是真理，而真理的相关理论又非常单调浅显，基本上都是陈词滥调。也许，这是有原因的。有人认为，说"某件事情是真实的"，仅仅是在说这件事而已，而真理只是一个空谓语。这些人还认为，真理不是事物的真正属性，相反，它是语言的一种特征，用于强调、赞同、假设，抑或用于实现某种文体特征。比如，它可以用来强调天主教教义，即教皇所说的一切都是真实的，也就是说，如果教皇说A，则A；如果他说B，则B。

一些思想家认为，某件事只有在可被验证的情况下才能判断它的对错，如果不是在实践中验证，至少在理论上是如此。某物的真实性就存在于我们开展深入调查的尽头。但如果调查没有尽头，我们就无法断定这件事的真实性，只能得出关于它的最佳观点。如果这个最佳观点是我们所能拥有或所希望拥有的一切，那么它就和真理一样好，而真理则变成了一个多余的概念。不过，最佳观点之所以是最佳，是因为至少来说，它和真理最接近，不仅具有实用价值，还有深刻的内在价值。

如何识别自欺行为

一位读者曾问我："如何才能识别出自欺行为？"我的回答如下：

就自欺行为的本质而言，我们很难将它和真理区分开来，无论是我们内在或者情感上的真理，还是外在的真理。一个人必须忠实于自己的直觉（见第14章）：真诚地想想自己此刻做出的反应，它是冷静、深思熟虑、细致入微的，还是肤浅、随意的？我有没有考虑到他人，还是只为自己着想？我对战胜自我的努力感到满意、自豪，还是觉得自己很渺小，并感到焦虑和羞愧？

自欺行为并不会在一些重大问题上不断累积，而是很容易被表面的质疑击垮。就像玩拼图游戏一样，你应该试着站在更高的视角上看待自己的生活，看看自己的想法或反应是如何发挥作用的。你的反应出于自己的实力还是弱点？你最尊敬的人是怎么想的？苏格拉底会怎么想？多和他人交谈，然后收集他们的意见。如果他们不同意你的观点，你是否会感到愤怒、难过或者心存戒备？你的一系列反应能够充分表现出自己的各种动机。

真理具有建设性和适应性，而谎言具有破坏性，并且会弄巧成拙。所以，自欺行为究竟能为你带来什么呢？你是在掩盖一种非理性的恐惧，还是在为未来奠定坚实的基础？你是为最大化发挥自身潜能而努力，还是在剥夺自己成长的机会，并在未来制造更多问题？这个循环会让你原地踏步，还是像真理那样，最终让你自由？

第四部分

被忽略的非理性思维

14 直觉，一切知识的来源

目前为止，我已经介绍了理性思维的各种局限，而这些思维方式一直以来深受正规教育的推崇。在接下来的几章，我将带大家一起探讨非理性的思维方式，它们可以用来支持甚至替代理性思维方式。然而，我们的文化总是倾向于否定和忽略它们。

我常去科西嘉岛上的一家酒吧里喝酒，与一位服务员闲聊了好几次。有一次，我想验证一下自己的直觉是否准确，于是直截了当地问他："你写过诗，对吗？"这个家伙吃了一惊，然后承认自己的确在写诗，而且已经出版了几本诗集。

"intuition"（直觉）一词源于拉丁语"tuere"，意思是"细看、看守"，也有"导师、学费"的意思，可能还和梵文中的"tavas"一词有关，这个词的意思是"强大的、有力的"。从广义的角度来说，直觉是指在没有确凿证据的情况下或没经过有意识的思考就倾向于相信某件事。我用"倾向于相信"而非"信念"，是因为相比于信念，直觉通常具有一定的不确定性，而用"相信"而非"知道"，是因为在通常意义下，直觉是没有道理可言的，而且不一定准确或真实。实际上，直觉不仅与确凿的证据和有意识的思考无关，甚至这两者还会阻碍直觉的形成。英国作家吉尔伯特·基思·切斯特顿（Gilbert Keith Chesterton）曾说："我不是心不在焉，而是镇定的心态使我对其他一切视而不见。"

人们常常将直觉和本能相混淆。本能不是对某事物的感觉，而是对某一种特定行为的一种倾向，这种行为是人类天生的、共有的。"安娜向后退了几步，她的直觉告诉她，那条狗会遵循自己的本能冲过来咬人"。虽然人们常将本能与动物联系在一起，但人类也有很多本能，尽管它们被或可能被文化、性情和经历改变了。人类的本能包括各种恐惧、领土意识、对部落的忠诚，以及生育和养育后代的渴望，即使这会带来诸多不便或者需要付出巨大代价。这些本能通常会被隐藏起来或者以另一种形式表现出来，比如，对部落的忠诚可能会通过体育运动表现出来，而对繁衍后代的渴望会变成对浪漫爱情的追求。亚里士多德在《修辞学》中说，人类拥有追求真理的本能。他也在《诗学》中说，追求节奏与和谐是人类的本能。显然，他高估了人类。

如果直觉不是本能，那它是如何运作的呢？直觉和一系列事实、概念、经验、想法和感受有关，它们之间的联系非常松散，但相对于有意识或者理性的思考来说，它们又过于丰富、分散以及不相干。由于直觉的形成过程是潜意识的，其运作过程是隐藏的，由此，直觉就如同无中生有，而且不能被立刻证明。

事实上，直觉之所以难以被证明，是因为它建立在事物相互联系的基础之上，而不是基于证据和论证。直觉就如同一张悬挂于上空的蜘蛛网，精致而又若隐若现。在梦中或是冥想时，也会出现直觉，它通常伴随着一种感觉的浮现，比如喜悦、恐惧或骄傲，以及对直觉所代表的最高认知以及人类成就的愉悦。

如果直觉是这样运作的，那我们可以通过两种方式来激励直觉的形成：一是丰富经历，二是消除阻碍这些经历相互融合的心理障碍，比如偏见、恐惧和禁忌。我们也应该给自己更多的时间和空间来进行自由的联想。我发现，在洗完澡、旅行时、自由联想时，以及休息好之后，我的直觉会变得非常灵敏。此外，我们还必须相信自己有组建直觉的能力，这也有助于直觉的形成。事实上，我们每时每刻都在产生一些微观直觉，比如早餐吃什么、穿什么、走哪一条路，以及与谁交谈、说什么、如何回应，等等。我之所以称它们为微观直觉，是因为它们依赖于大量微小的变量，并且在很大程度上不经过有意识的思考。那么，宏观直觉又是怎样的呢？在人类历史上，从来没有一个时代像当前这个崇尚理性和科学的时代这样，如此忽略和贬低直觉能力。

作为一名作家，我认为自己最好的一些词句都来自直觉，它们也会激发读者展开联想。在禅修时，修行者都会练习"公案"，这是一种无法用理性或者智识来解决的悖论或者谜语，它鼓励修行者通过颠覆理性和自我本位的思想来获得顿悟。

一天，一位僧人对禅师说："我很困惑，您能否给我指点开悟之道。"

禅师问他："你的米粥喝完了没有？"

"喝完了。"

"那就去洗碗吧。"

僧人听闻，当下有悟。

那么，这位僧人到底明白了什么？此时，你的大脑可能需要换挡，或者进入空档。

……

这位僧人明白的是，生活存在于各种各样的生活之中，生活就在当下，就在眼前，等着被生活。突然之间，它变得如此明显，但如果用理性或者实用主义的眼光审视它，它就立刻不翼而飞。

虽然苏格拉底常被视为哲学家和理性思考者的典范，但他很少声称自己拥有真正的知识。他说，他所拥有的不过是一种"神圣的东西"，一种内在的声音或感觉，它们会阻止他犯下严重的错误，比如卷入政治斗争，或是在接受审判和定罪后逃离雅典："这是萦绕在我耳边的潺潺细语，就如同神秘使者耳边响起的悠悠笛音。"

在柏拉图的《斐德罗篇》中，苏格拉底进一步说：

迷狂，如果是上天的恩赐，那它就是我们获得最大幸福的途径……那些给事物命名的古人，不会因迷狂而感到耻辱或受责备，否则他们就不会将它与最可贵的艺术联系在一起，这类艺术能够洞察未来，被称为"狂躁的艺术"（manic art）。因此，根据我们祖先提供的证据，迷狂比理性更可贵，迷狂来自上帝，而理性本就是人类具有的。

柏拉图在《米诺篇》中探讨了美德的本质，其中记载了苏格拉底和米诺对这个问题的讨论。米诺发现，苏格拉底无法运用辩证法定义美德，即使他已经就这个问题发表了多次演讲。他将苏格拉底比作身形扁平的电鳐，这种鱼能将靠近它的人麻醉。"我认为你不离开雅典是非常明智的选择,因为如果你在其他地方这样做,就会被当作魔法师投进监狱"。苏格拉底不仅是哲学家和理性思考者的典范,他还擅长"公案"。

米诺问苏格拉底,如果他不知道什么是美德,那么如何去寻找它。

苏格拉底,你会如何寻找自己不知道的东西呢?你会提出什么问题作为依据呢?如果你找到了想要的东西,怎么知道它就是呢?

苏格拉底回答说,他从一些智者那里听说,灵魂是不朽的,轮回过好多次,知道世间的所有事物,因此,学习只是在回忆已经知道的东西。苏格拉底在地上画出了一个正方形,然后向米诺手下的一名奴隶男孩提出了一系列问题,这些问题引导这个没有受过教育的男孩得出了毕达哥拉斯定理。苏格拉底认为,这个孩子的表现证明了他的理论至少有一定的道理。

理性,不是通往知识的唯一道路。亚里士多德在其著作《尼各马可伦理学》中提出了获得真理的5种方式:

1. 科学知识，通过推理和归纳得出必然的永恒真理；

2. 艺术或技术技能，这是一种理性能力；

3. 实践智慧，这是一种能获得美好生活的理性能力，包括政治艺术；

4. 直觉，它代表了最初的原则或未阐明的真理，而科学知识正是由此而来。

5. 哲学智慧，这是一种对万物本源的直觉，也属于科学知识。

亚里士多德的理论最有趣的一点是，科学知识（或者理性）并不独立于直觉，相反，正是直觉使科学知识成为可能。几个世纪后，著名哲学家约翰·洛克将直觉和论证进行了比较，并提出了类似的观点：论证需要有意识的步骤，而每个步骤都依赖于直觉，或者理应如此。

至少，直觉是推理的基础，因为推理的基本公理和规则不能通过任何其他方式建立。当然，我们的基本道德理念，即"实践智慧"，也是如此。南极洲有一座山峰被命名为"直觉峰"，以纪念直觉在人类知识进步中的作用。

不过，要注意的一点是，直觉并不是万能的。如果将右翼人士和左翼人士放在一起，或者将信教人士和不信教人士放在一起，你很快就会发现，他们的直觉是相互冲突的。直觉可以用来生成假设，但永远不能用于证明假设。

15 智慧，获得美好生活的思维能力

每当我说到"智慧"这个词时，总会引来一些人的嘲讽。在这个崇尚民主、反精英的社会，智慧比专业知识更难以获得，而在一个以科技、专业化和分工为主导的时代，这个概念过于宽泛和宏大，甚至有点神秘。今天的我们专注于智能手机、电脑、账单以及银行余额，根本就没有时间或精神空间来思考它。

不过，幸运的一点是，事实并不总是这样。"智慧护庇人，就好像银钱护庇人一样。惟独智慧能保全人的生命，这就是知识的益处"。延长生命的方式有很多，但只有智慧才能拯救生命。

"哲学"这个词的字面意思是"爱智慧"，而智慧则是哲学的首要目标，至少古典哲学是如此。在柏拉图的《吕西斯篇》

中，苏格拉底告诉年轻的吕西斯，如果没有智慧，他就对任何人都没有价值：

> 如果你具有智慧，所有人都会成为你的朋友和亲人，因为你对于他人而言具有价值和良善的品性；但如果你没有智慧，无论你的父母、亲戚，还是其他人，都不会成为你的朋友。

吕西斯是雅典人，而这座城市的守护神便是智慧女神雅典娜，她身着全副盔甲从宙斯的头骨中踊跃而出。她的象征猫头鹰也是智慧的象征，它可以在黑夜中穿梭，捕捉猎物。

事实上，"wisdom"（智慧）一词源于原始印欧语词根"weid-"，意思是"看到"。在北欧神话中，众神之王奥丁为了获得智慧之泉，将自己的一只眼睛挖掉，交给了巨人智者弥米尔。这一举措象征着用一种感知模式换取另一种更高级的感知模式。

实际上，我们这个物种的名字"智人"，意思就是"充满智慧的人"。

那么，智慧究竟是什么呢？人们经常谈论"知识和智慧"，就如同这两者密切关联，或者是同一件事。因此，有一种假设是，智慧就是知识，或者是许多知识的总称。如果智慧是知识，那么它必须是知识的一种，否则记住电话簿，或者认识世界上所有河流的名字，都能算作智慧。如果智慧是知识的一种，那么它肯定不是科学或技能方面的知识，否则，现代人比古代最具智慧的哲学家更有智慧，任何一个受过教育的21世纪的人都要比塞内卡和苏格拉底更有智慧。

在特尔斐的神谕中，据说阿波罗与一位名叫皮提亚的女祭司进行了对话，皮提亚宣称没有人比苏格拉底更聪明。为了弄清楚为什么别人总是认为自己聪明过人，苏格拉底四处寻找以聪明著称的人，包括政治家、将军、诗人、工匠。每次的结论都是："我可能在某个方面比他人聪明一点，因为我不可能知晓一切。"此后，苏格拉底开始寻找那些可能很有智慧的人，如果那人并不智慧，就直接告诉他。多年以后，他的质疑让自己树敌无数，最终雅典人判了他死刑——这反而满足了他的初衷，因为他将因此而不朽。今天，苏格拉底主要是因为他的死而被世人铭记，塞内卡甚至说："正是毒参让苏格拉底如此伟大。"

有句俗语说："骄傲来，羞耻也来，谦逊人却有智慧。"苏格拉底之所以被视为最具智慧的人，并不是因为他无所不知，而是因为他知道自己不知道什么，或者更精确地说，是因为他知道自己所知道的是多么有限。事实上，在公元前5世纪，孔子和佛陀都提出了与苏格拉底一样的观点，即便他们都身处不同的国度。

唯一真正的智慧就是，知道你什么都不知道。(苏格拉底)
知之为知之，不知为不知，是知也。(孔子)
一个能认识到自己的无知的傻瓜，就是一个有智慧的人。(佛陀)

实际上，莎士比亚的说法最为微妙："愚人自以为是，智者心有自知。"

智慧并不是"消极的知识"，否则我可以简单地对一切都持怀疑态度，然后自认为自己很有智慧。也许，智慧具有很高的认知标准，也就是说，对于相信某件事有很高的门槛，而将这种信念称为知识的门槛则更高。然而，这样一来，我们又回到了智慧像科学知识一样的讨论中。

在柏拉图的《米诺篇》中，苏格拉底说，具有智慧和美德的人似乎很不擅长传授这些品质。古希腊政治家地米斯托克利可以教会儿子很多技能，比如在马背上站立、射击，但从来没有人认为其儿子拥有他父亲那般的智慧，同样的事情也发生在很多对父子身上。如果智慧无法被教授，即使对于雅典最有智慧的人来说，那它就不是一种知识。

如果智慧无法被教授，米诺问道："那么，那些智慧的人是从何而来的呢？"苏格拉底回答说，真实的见解与知识一样，具有相同的引导作用。比如，知道通往拉里沙（地名）的道路的人可能会成为一名好向导，但对这条道路有着真实的见解，却从来没有去过、也不知道如何去的人，也会成为一名好向导。因为智慧无法被教授，那么它就不是知识，如果智慧不是知识，那它必然是一种真实的见解。知识是被拴住的真实见解，因此稳定，停驻，且不会逃走；真实的见解则不然，它只做短暂停留，便立马离开。这也就解释了为什么像地米斯托克利这样具有智慧的人都无法将智慧传授给自己的儿子。具有智慧的人就像占卜者、先知和诗人一样，他们受到某种启迪，说出很多真实的见解，却不知晓自己真正在说什么。

在《形而上学》一书中，亚里士多德提供了另一个重要提示。他说，智慧是探究第一原理和原因的知识。没有一种感官是具有智慧的，因为，它们虽然提供了关于细节的最具权威的知识，但无法看清任何事物的第一原因。同样，我们认为艺术家要比那些经验丰富的人更具有智慧，因为艺术家知道原因，因此他们可以教授他人，而经验丰富的人则不能。换句话说，智慧是对事物之间的联系的真实见解，这就需要具备多元视野，以及随机应变的能力。古罗马哲学家西塞罗认为，古希腊哲学家阿纳萨哥拉斯堪称智慧的典范，因为当他得知儿子的死讯时说:"我知道自己生了一个凡人。"对西塞罗来说,真正的智慧在于,为每种可能的结果做好准备,而不被意外击倒。智慧,即对原因和联系的真实见解,总与洞察力和远见如影随形。

因此,智慧与其说是一种知识,不如说是一种观察视角。我们常说的"退一步海阔天空",便是改变观察视角的结果。在日常用语中,"智慧"的反义词是愚蠢和愚笨,两者都意味着缺乏或者没有远见。一些思想家认为,尤其是美国哲学家罗伯特·诺齐克(Robert Nozick),智慧具有实际的功用,比如,理解人生目标和价值、提供实现这些目标的方法,以及避免潜在的危险等。我同意这一点,但我同时认为,这些都可以通过洞察力获得。如果你具有洞察力,就不会不理解人生目标和价值,也不会不采取相应的行动。这与苏格拉底的观点相符,即没有人会故意做错事,人们之所以做错事,只是因为从他们有限的视角来看,某件事似乎是对的,或对他们来说是最好的。

为了培养多元视野,学习渊博的知识当然有所助益,但同时,我们还要变得思想开放、海纳百川,以及善于反思。不过,最为重要的是,要有勇气。因为,那些令人兴奋的新想法虽然具有解放意义,但在刚被提出来时总是令人不安的,因为它们与我们一直以来被灌输的观念相冲突。

亚里士多德说，勇气是人类的首要品质，因为它是其他所有品质的保障。

如何应对突如其来的负面事件

如果你的伴侣出轨或离你而去，抑或你被解雇、家里被抢劫、被诊断患有严重的疾病，该如何应对呢？负面事件很容易让我们陷入恐惧和绝望，就好似我们的整个世界瞬间分崩离析，坠毁倒地。我们惧怕发生最坏的情况，而且一旦发生，就很难克服它们，或者说，缺乏应对的勇气。负面事件还容易导致我们陷入各种情绪旋涡，比如愤怒、愧疚、绝望、背叛和爱，我们都经历过这类负面事件，而且以后还会遇到。

那么，该如何应对呢？这里有三种认知策略可以帮助我们应对负面事件，也可以检验我们的观点是否充满智慧。

第一，将负面事件情境化。试着定义所遇到的负面事件，然后将它们放到与之相应的情境中。无论它有多么糟糕，也不可能是你生活的全部，更不会是结束。想一想生活中那些美好的事物，包括那些曾经拥有的和还未到来的；想一想那些在你需要时可以依赖的力量和资源，包括朋友、资产、技能；想一想他人所经历的更糟糕的事情。你的家被抢劫了，你因此丢失了很多贵重物品，这确实令人悲痛，但想一想，你仍然拥有健康和工作，伴侣还陪伴在你左右……负面事件随时准备着偷袭我们，它们的到来只是时间问题。实际上，负面事件就是我们所享有的美好事物的另一面。你被抢劫，是因为你有房子和财产；你失去了一段美好的感情，是因为你曾经拥有过。从这个角度来说，负面事件只不过是剥夺了一件好事而已。

第二，将负面事件可视化。认真分析负面事件本身。最坏的情况是什么，所有的情况都很糟糕吗？如果你处理了最坏的情况，那最好的结果可能是什么，最可能的结果是什么？想象一下，如果有人威胁要起诉你，最坏的结果就是你输了官司，然后承受经济损失、精神压力，以及情感和名誉上的伤害，还有一种可能是被判入狱，但这种可能性很小。最可能的结果是，你们达成了庭外和解，而最好的结果是，你赢了官司，甚至对方撤销了起诉。

第三，转危为利。尝试将负面事件转化为积极的事情，或者至少使其能发挥积极的作用。负面事件会使你吃一堑长一智，或者作为一种警钟，迫使你重新评估自己的优先事项。至少，它为你提供了一次看清当前状态、审视和调整自我的机会。如果你失业了，那正好可以去度假、提升自我，或者改变职业规划，成为自由且充实的自由职业者。也许你的伴侣欺骗了你，但如果你仍然能确定对方还爱着你，你们之间仍有感情，就可以借此重新了解对方。是的，这个过程会很痛苦，但也是一次原谅和建立更亲密的关系的机会。也许，你会找到另一段更令人满意的关系。如果你被诊断出患有严重的疾病，这虽然是一个非常糟糕的消息，但会使你获得及时的治疗和支持，去控制和战胜疾病，从更多元的角度看待生活。

正如英国诗人约翰·弥尔顿所说："心灵是一个特别的地方，在那里可以把天堂变地狱，把地狱变天堂。"

16 灵感，推动你实现愿景的积极能量

请回想一下，你最喜欢的一位老师是谁。对于我来说，他就是在课堂上为我们读玛格丽特·杜拉斯的作品时会无声抽泣的法语老师。令我们难以忘怀的老师并不是那些勤勉地传授我们知识，或者一丝不苟地教授教学大纲上每个重点的老师，而是那些给了我们灵感，让我们了解自己和世界的老师。那么，什么是灵感，它能够被培养吗？

"inspiration"（灵感）这个词源自希腊语"God-breathed"（神的气息）。在希腊神话中，灵感是缪斯女神赠予我们的神圣礼物。缪斯是众神之王宙斯和记忆女神谟涅摩绪涅所生的九个女儿的总称。不过，灵感也有可能来自太阳神阿波罗、酒神狄俄尼索斯或者爱神阿佛洛狄忒。

荷马史诗《伊利亚特》一篇的第一句便提到了缪斯："女神

啊，请歌唱佩琉斯之子阿基琉斯致命的愤怒，给阿开奥斯人带来无数苦难……"长期以来，教会一直将灵感看作一种神圣的礼物。

《牛津英语字典》是这样定义"灵感"的：汲取或者被灌输进头脑的某种想法、目的等；某种感觉或冲动的暗示、觉醒、产生，它们往往是崇高的。根据这一定义，灵感涉及两个方面：某种愿景，以及某种源自该愿景并推动其实现的积极能量。灵感经常与"动力"和"创造力"相混淆。动力是某种来自外在的奖励，而灵感则来自内在，并且其本身就是一种奖励。灵感和创造性的洞察力有一定的关联，而创造力本身也包含对洞察力的实现，这种实现需要机会、方法以及最重要的——努力，用托马斯·爱迪生的话来说，"天才就是1%的灵感加上99%的汗水"。如果没有那最初的1%，你可能无法开始，或者走不了多远。

除了创造力，灵感还关乎热情、乐观和自尊。灵感并不总是关乎艺术或者难以捉摸的。有很多事情能够激发人的灵感，而这些能激发灵感的事情与写投诉信或提交纳税申报表这类事情完全不同。如果我可以凭灵感做事，并获得报酬，然后付钱让他人去做那些我没有灵感的事情，那我的人生可能会非常幸福美满。

尽管灵感对于社会和个体的意义重大，但我们的传统教育完全不重视它。这可能是因为灵感像智慧和美德一样，难以教授，只能被激发。令人感到不幸的是，一个从未被激发过灵感的人，也不大可能会去激发他人的灵感。这真是令人惋惜。最好的教育不在于教授，而在于激发灵感。如果可以，我宁愿去激发一个人的灵感，也不愿教授一千个人。

那么，灵感最初是怎么来的呢？在柏拉图的对话录《伊安篇》中，苏格拉底将灵感视为一种神圣的力量，这种力量就好比一块磁石，不仅能移动铁环，还能将磁力传递给它们。这样就形成了一条长长的铁环链，每个铁环的能量都来自原始磁石。一位优秀的诗人之所以优秀，并不是因为他认真读完了每一本相关的书，而是因为他受到了某种启迪和感召：

诗人是一种光明、轻灵和圣洁的存在；在没有受到启迪、撇除感官的迷惑之前，他们不会有创作成果；他们的思想不会局限于自我。如果达不到这种状态，他们的诗就不会有意蕴。

苏格拉底将受到启迪的诗人比作酒神的女信徒，她们凭着酒神附身就能从河水中汲取乳和蜜，进入超智识状态，但她们自己却浑然不知。苏格拉底问史诗吟诵者伊翁，当他朗诵荷马史诗时是否沉浸其中，抑或灵魂是否相信自己所唱的事情。伊翁回答说，当他唱到悲伤的事情时，会热泪盈眶，而当唱到可怕的事情时，汗毛都会竖立起来，大脑停止运转。苏格拉底说，这正是吟诵者对听众的影响：缪斯赋予诗人灵感，诗人将灵感热情地传递给吟诵者，而吟诵者感染听众，听众是铁环链的最后一环。

在柏拉图的对话录《斐德罗篇》中，苏格拉底认为，迷狂是我们最大幸福的源泉。他说，有4种受激发的灵感可以带来迷狂：来自阿波罗的预言；来自酒神狄俄尼索斯神圣的祈祷和神秘仪式；来自缪斯的诗歌；来自阿芙罗狄蒂和厄洛斯的爱。

如果一个人来到诗歌的门口，但没有被缪斯的迷狂触动，相信单凭技巧就能成为一名好诗人，那么，他和他那些充满理智的同伴就永远无法达到完美的状态，在充满灵感的迷狂者面前，他们黯然失色。

苏格拉底说，所有人都能忆起宇宙万物，例如完美的善和美，因此我们一定在别的生活或世界中见过它们。那些最了解宇宙的本质、最深刻地体验过宇宙万物的心灵，会转身成为哲学家、艺术家和真正的爱人。由于宇宙万物深深地印在了他们的头脑中，他们完全沉浸在对它们的思考中，不在乎世俗的一切利益。常人认为他们疯了，但事实是，他们受到了神圣的启发，爱上了善和美。20世纪，荣格呼应柏拉图的观点，认为艺术家可以超越个人经验，唤醒我们的遗传记忆，也就是说，记忆在我们出生时就已经存在，比如语言的记忆。在希腊神话中，记忆女神就是缪斯的母亲。

迷狂与灵感和启示紧密相关，这是一个古老且被反复提及的观点。在《心灵的安宁》(Meaning of Madness)一书中，古罗马政治家塞涅卡写道："所有伟大的天才都会带点儿迷狂。"他将这句格言归功于亚里士多德和西塞罗。而莎士比亚认为，疯子、情人和诗人都是想象力的产儿。英国著名诗人约翰·德莱顿认为："伟大的智慧近乎迷狂。"正如我在《迷狂的意义》(The Meaning of Madness)一书中指出的，迷狂常常被视为理性的对立面，但实际上，它是我们可以学习和利用的宝贵资源。

法国作家安德烈·纪德(André Gide)曾写道：

那些最美丽的事物都来自迷狂的呢喃，而通过理性记录下来。我们必须在这两者之间找到一条通路，在梦中接近迷狂，在写作中接近理性。

总而言之，灵感就如同来自某种原始能量的引导，它不能完全被召唤或依赖。

这里有7种简单的策略有助于你激发灵感：

1. 当你的身体告诉你该起床时，再起床。没有人能在疲惫的情况下获得灵感。然而现实情况是，我们的睡眠常被闹钟或其他刺激打断，这会致使我们整日感到昏昏欲睡，烦躁不安。

2. 做完你的梦。快速眼动睡眠是大脑非常活跃、容易做梦的阶段，在自然醒来之前最常发生。做梦有很多重要的功能，比如吸收经验、处理情绪、提高解决问题的能力和创造力。事实上，大脑在快速眼动睡眠阶段比在清醒时更活跃。许多伟大的艺术作品的灵感皆来自梦，包括披头士乐队的音乐《顺其自然》(Let It Be)、萨尔瓦多·达利（Salvador Dali）的绘画作品《记忆的持久性》，以及美国诗人埃德加·艾伦·坡（Edgar Allan Poe）的一些诗作和短篇故事。此外，从快速眼动睡眠中醒来的人会感到精神焕发，而且他们在诸如猜字谜和创造性解决问题等任务上具有更好的表现。

3. 排除干扰，尤其是那些乏味的事情。清理大脑内存，学会从所有事务中抽离出来。给予大脑足够多的放松时间，让它自由畅游。在睡觉前，我常会查看第二天的日程，最开心的莫过于看到一张空白页。不要太过于担心或感到内疚，屋顶不会坍塌，太阳也不会掉下来。很多人由于害怕潜伏在灌木丛中的怪物而不敢另辟蹊径，如果你真的遇到了怪物，不妨抓住机会向它问好。

4. 欲速则不达。如果你想强迫获得灵感，就会扼杀它。最终的结果也将微乎其微，这种结果不是体现在数量上，也至少在质量上。灵感也可能会在某些时日"开启"和"关闭"。如果你觉得没有灵感，那也没有关系，走出去充实自己。你的老板可能不同意，但这可能是你能做的最有成效的事情。如果可以，尽量不要有老板。

5. 保持好奇。约翰·洛克认为，灵感源自想法的随机组合和突然统一。如果有什么事情让你感兴趣，试着坚持到底，没有什么事情是微不足道或不相关的。阅读书籍、观看纪录片、参观博物馆和展览，在花园和大自然中漫步，与灵感和鼓舞人心的人交谈……滋养你的潜意识。

6. 打破生活的常规。有时候，让大脑受一些刺激可能对你有所助益。尝试新事物，走出舒适区，改变你的日常生活或环境。还有一种有效的方法是，去旅行，尤其是去那些你不熟悉或可能会迷路的地方，比如印度或日本的寺庙，或者去乌拉圭潘帕斯草原上的一家嬉皮士农场。

7. 开始行动。我会在出现灵感时，开始写作，然后等下一次灵感再出现时继续写。当我觉得疲倦时，就会停下来做其他的事情，希望在做这些事情时，下一个段落的内容便能进入我的脑海。有些文章我花了三四天时间，而有些则花了三四个星期，很少有一坐下来或一天之内就能写完一篇文章。当我开始写一本书时，前半部分花的时间很长，而后半部分很快就能完成。小成就很重要，因为它们能增强信心，让思维自由地前进，进而促生创造力。

如果你学会遵循且从不违背自己的天性，事情就会自然而然地完成。

17 洞察力，适应变化的关键认知能力

洞察力与"自我意识"有着密切的联系，包括思维过程、信念、欲望、情感等意识，以及它如何与这些意识及真理相互联系并发挥作用。

自我意识是逐渐形成的。蔓生植物的卷须中有化学感受器，因此它们知道不能盘绕自己，从这个角度来说，它们能够感知到自己和其他物体。婴儿在18个月左右时开始形成自我意识，他们能够认出照片和镜子中的自己。

洞察力也指敏锐的辨别能力，这种能力主要体现在突然找到以前难以解决的问题的解决方法。我主要从这个角度来探讨洞察力。

阿基米德用"尤里卡！尤里卡！"①来表达这样的顿悟时刻。"尤里卡"这个词表示从新的角度或环境中发现某件事物，随之产生的积极情绪，比如喜悦、热情和信心。据说，阿基米德在泡澡时，发现有水溢出来，然后突然明白，溢出的水量与身体被淹没部分的体积相当。"尤里卡"时刻的例子还包括突然理解一个笑话，或者突然发现一张图像另有所指，比如下图所示的这张"鸭兔错觉"图。"尤里卡"时刻主要来自无意识和自动的过程，而且此时，眼睛会对视觉刺激物视而不见。

"鸭兔错觉"图

---

① "尤里卡"（Eureka）是一个源自希腊用以表达发现某件事物、真相时的感叹词，词义为"我发现了"。据说阿基米德所在时期的一位国王请某位工匠做了一顶黄金的王冠，但有人向国王报密，这顶金冠并非纯金。于是，国王请来阿基米德检验。阿基米德苦思了几天，直到有一天他在浴盆里洗澡时，发现有许多水溢了出来，这使他想到：溢出来的水正好应该等于被淹没的身体的体积。这意味着，不规则物体的体积可以精确地计算出来。他想到这里，不禁高兴地从浴盆里跳了出来，光着身子在城里边跑边喊"尤里卡！尤里卡！"。——编者注

"尤里卡"时刻与"哎呀时刻"（uh-oh moment）有所区别，后者是指突然意识到一个出乎意料的问题。这个词出自美国成人动画情景喜剧《辛普森一家》，之后开始流行起来，用来表示突然遇到麻烦，或者突然意识到自己缺乏洞察力。

如果我们能跳出固有的思维模式，那便是一项重大的认知成就。现实情况是，一旦我们以一种方式理解了某件事情，就很难再从其他角度来理解它，即使面前摆放着强有力的证据。美国社会心理学家利昂·费斯廷格（Leon Festinge）在《当预言失败》(*When Prophecy Fails*)一书中讲述了自己潜入一个名为"不明飞行物"的末日邪教的经历，这个邪教领袖预言了世界末日将会来临的时间。然而，当世界末日的预言没有成真时，大多数邪教成员就要处理认知上的矛盾，即"领袖说世界将会灭亡"和"世界没有灭亡"这两种认知。结果正如他所料，他们并没有放弃邪教和领袖，而是通过合理化这一切来说服自己，即他们的信仰力量拯救了世界。

事实上，从不同的角度看待一件事物，也意味着从新的角度来解读自我和整个世界，而这可能会威胁到或破坏我们对自我的认知。这个问题更多地涉及情感而非理性。这也就解释了为什么即使是杰出的科学家也很难舍弃错误的观点。正如第12章关于科学的讨论，范式的转变与其说是源自理性的胜利，还不如说是因为新一代人的崛起取代了上一代人。

更糟糕的是，强有力的证据或试图说服的行为往往会适得其反，甚至会巩固我们现有的信念。这就是作为一名精神病学家，我很少直接挑战病人或者任何人的原因。根据最近的一项研究，如果向担忧流感疫苗会有副作用的人纠正这一点，他们将更不愿意接受疫苗。这正好应验了德国的一句谚语："在没有被询问之前，永远不要主动提供建议。智慧的人不需要它，愚蠢的人不在意它。"

所以，如果没有像禅师这样的智者来帮助我们认清自我，那该如何提高认知的灵活性呢？当然，流畅的语言、渊博的知识和丰富的经历有助于我们思考，但更为重要的是，培养深度的洞察力，即对自我意识的洞察力。

在日常生活中，我们需要创造时间和条件来进行自由联想。当我们精神饱满或是处于休息状态时，联想性思维就会变得更活跃，例如，在淋浴或在公园里漫步时。通用电气公司董事长兼首席执行官杰克·韦尔奇（Jack Welch）每天会花一个小时放眼窗外。德国有机化学家奥古斯特·凯库勒（August Kekulé）曾梦到环状的衔尾蛇，这个梦给了他灵感，让他发现了苯的分子结构。

时间很奇妙，它并不是线性的。有时候，利用时间最好的方法就是浪费它。

18 情感，决定了我们对待周围一切的态度

正如我们在第8章所讨论的，错综复杂的人类事务常常导致理性失灵。我们比机器更善于做决定，这与我们的情感有很大的关系，情感决定了特定的讨论因素，并且能瞬间意识到所有可用的事实和备选方案，即便只是一小部分。情感还会激励我们，一个情感能力低的人，无论是因为脑损伤、严重抑郁，还是其他精神障碍，很难做出决定，更不用说采取行动了。

随着宗教和传统社会结构的衰落，情感在我们生活中所起的作用越来越重要。人们常说，人是感情动物，很容易被感情支配，今天更是如此。相比于理性或者传统，情感更多地决定了我们对职业、伴侣和政治的选择，以及我们与金钱、性爱和上帝的关系。然而，值得注意的是，我们的教育完全

忽视了这些情感，致使数百万人一直生活在不幸中。没有什么比情感更能让我们感悟到生命力和人性，也没有比它更能伤害人的了。管理情感就是控制自己，控制自己就是掌握自己的命运。

那么，情感到底是什么呢？这个问题并没有确定的答案。"情感"是一个相对较新的术语，有些语言甚至没有对应的词。从古至今，人们一般谈论的是激情，而非情感。激情不仅包含或包含于情感，还包含快乐、痛苦和欲望。"passion"（激情）一词源于拉丁语"patere"（去经受）。消极的激情是我们难以控制的。今天，激情这个词还被用来指代一种强烈或不可抗拒的感觉或欲望，特别是爱和性欲。实际上，"情感"一词含有"被动"的意思，"passivity"（被动）一词源于拉丁语"emovere"，意为"移出、搅动"。经历一种情感就要付诸行动，心神会受到干扰和折磨。

许多思想家都反对动物式的激情，提倡追求冷静和神一般的理性，从斯多葛学派到斯宾诺莎主义的主要代表人物，他们都极力倡导一种无欲的境界，即压抑自己的情绪、情感和欲望。不幸的是，理性的这一历史性特权与其说压抑了人的情感，还不如说是对情感近乎完全的漠视。由于对情感的忽视如此严重，以至大多数人都忘记了推动它们、阻止它们以及将它们引入歧途的根本原因。

如果我说"我心怀感激",可能是指三种情况中的一种:我现在对某件事情心存感激,我总是对某件事情心存感激,或者我是一个知恩图报的人。同样,如果我说"我很自豪",可能是指我现在为某件事情感到自豪,我总是为某件事情感到自豪,或者我是一个自豪的人。我们将第一种情况(现在对某件事情感到自豪)称为情感体验,将第二种情况(总是对某件事情感到自豪)称为情感或情绪,将第三种情况(我是一个自豪的人)称为一种特质。

人们经常会混淆或合并这三种情况,尤其是第一种和第二种情况。不过,情感体验是短暂的、断断续续的,而情感可能是(也可能不是)由累积的情感体验产生的,可以持续很多年,而且在这期间,可能会产生各种情感体验,以及思想、信仰、欲望和行为等。比如,爱情不仅能带来一种情怀,还能带来欢乐、悲伤、愤怒、渴望和嫉妒等。

此外,人们会经常混淆情感和感觉。由于情感体验是有意识的,因此它必然是一种感觉,与生理上的感觉一样,例如饥饿或痛苦(并非所有的意识体验都是感觉,例如,相信或看见,大概是因为它们缺乏肉体或者生理机制)。相反,在某种意义上,情感是潜意识的,只能通过它所产生的情感体验来感受,即使它们可以通过相关的思想、信仰、欲望和行为被发现。尽管情感有各种各样的表现形式,但它们本身不一定是有意识的，一些情感可能只有在经过几年的心理疗法之后才会被发现，更不用说承认了，比如憎恨自己的母亲或爱上最好的朋友。

如果一种情感总是处于无意识状态，这通常是由压抑或其他形式的自我欺骗导致的。当然，自我欺骗也可能发生在情感体验层面，通常是错误地归因于情感体验的类型或强度，或错误地归因于其对象或原因所致。因此，嫉妒常被解释为义愤填膺，而幸灾乐祸则被解释为同情。实际上，对鬼魂或黑暗的恐惧源自对死亡的恐惧，那些已经接受死亡的人几乎不害怕这种幻象。即使最纯粹的情感也具有自我欺骗性，因为它过度放大了某件事的重要性。因此，情感并不客观，而是一种主观地看待问题的方式，所反映的是个人的需求和关切。

区分了情感、情感体验和感觉之后，我再来看看特质。特质是具有某种情感和情感体验倾向的性格。特质还包括某些特定的思想、信仰、欲望和行为，并能反过来被这些因素塑造。不同的特质通常以其主导情感来命名，主要分为美德和邪恶两大类，例如，谦逊（美德）、感恩（美德）和贪婪（邪恶）。尽管如此，一些传统美德并不涉及任何一种主导情感，而是源自对情感的控制，例如坚毅、谨慎和节制。

我们也可以区分气质特质和性格特质。气质特质是天生的，不能被完全改变，而性格特质则更开放，更容易被塑造。"Character"（性格）一词源于希腊语"charaktê"，是指硬币上的印记，在人的一生中，性格特质对我们自身的影响会越来越大，以至深深地烙印在我们的身体特征上，就如同可可·香奈儿曾经说过的："20岁的脸是天生的，30岁的脸是生活雕刻的，但50岁的脸，是你自己选择的。"

人的情感是多变的。例如，它们可以是道德的或非道德的、条件反射的（关于自我的，比如尴尬或内疚）或非条件反射的，也可以是高级的（比如对自己的恐惧感到羞愧）或低级的，它们也可以是积极的或消极的，或者，就像愤怒或怀旧一样，既有消极的一面也有积极的一面。唯一不具有确定定义的情感是惊讶，它即可以是积极或消极的，也可以是混合的，每个单独的惊讶都代表着不同的情感。

一种情感是积极的还是消极的，取决于它是愉快的还是不愉快的，愉快的情感是对维持和证实我们的认知的那些事物的反应，是对消弱令我们不快的认知的那些事物的反应。有一个重要现象是，我们的情感可能无法完全适应现代生活，尤其是我们的情感总是偏好短期偏见，这导致对长期的快乐大打折扣。在遥远的过去，这种短期偏见增加了人类生存和繁衍的机会，但随着预期寿命的增加，它已经成为一种弊端了。尽管消极的情感可能是负面的，但如果它们的目标是虚拟的，就会变得令人愉快，这就是人们花钱看恐怖电影和坐过山车的原因。

有些情感，比如谦卑或怀旧，显然更复杂和微妙，因此婴儿和动物通常不具备这些情感。基本情感的概念至少可以追溯到《礼记》，这是一本写于公元1世纪的中国百科全书，它确定了"七情"：喜、怒、哀、惧、爱、恶、欲。20世纪，保罗·埃克曼（Paul Ekman）提出了6种基本情感（愤怒、厌恶、恐惧、快乐、悲伤和惊讶），而罗伯特·普拉奇克（Robert Plutchik）将这6种基本情感扩展为8种基本的两极情感（喜悦与悲伤、愤怒与恐惧、信任与厌恶、惊讶与期待）。

基本情感是我们的远古祖先为了应对生态挑战进化而来的，它们形成的历史非常悠久，已经成为我们的本能，每一种基本情感都对应于一个独特的、专用的神经回路。基本情感是天生的，具有普遍性和自发性，以及快速的反应能力，还能引发有助于生存的行为。我曾在毛里求斯度假时，无意中打开了一个餐具抽屉，里面竟然有一只大蜥蜴，当这只小动物飞奔到抽屉中的阴影区域时，我不假思索地跳退回来，"砰"地一声关上了抽屉。接下来，我突然感觉浑身发热，不禁警觉起来，并为下一步行动做好准备。这种基本的恐惧反应是如此原始，连蜥蜴似乎也深有同感，而且这种反应是自发性的，无法从认知的角度来解释，也就是说，这是无意识和无法控制的,更类似于一种反射或反应,而非一种有意的行为。

有一种假说认为,基本情感可以作为构建模块,复杂的情感是基本情感的混合体。例如,蔑视可能是愤怒和厌恶的混合体。1980年,普拉奇克通过8种基本情感和其中两两组合形成的8种情感构建了一个情感轮盘(见下图)。

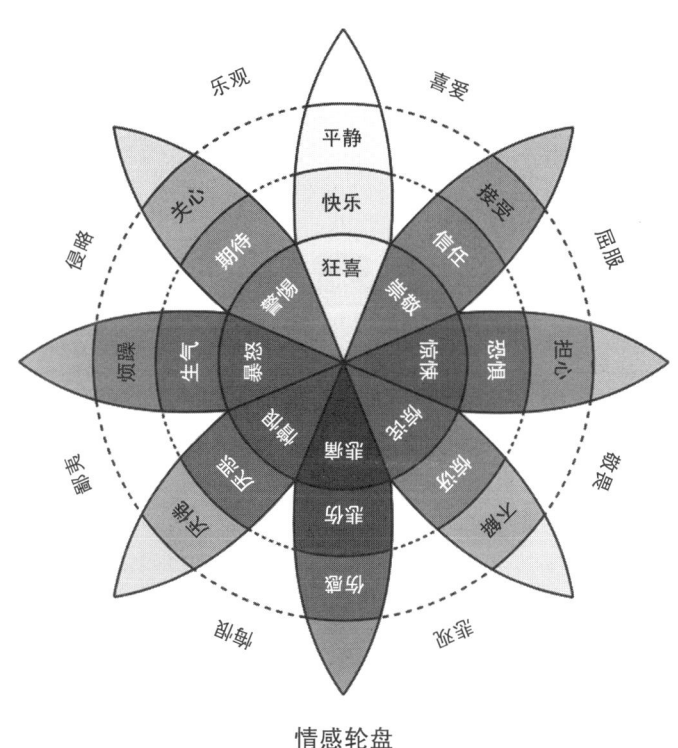

情感轮盘

然而，许多复杂的情感并无法被解构成基本情感，普拉奇克的理论也无法解释婴儿和动物不具有复杂情感的原因。相反，复杂情感可能是基本情感和认知的混合体，其中某些混合体非常普遍或重要，有专门的词语来描述。因此，挫折可能相当于愤怒，再加上"无能为力"的想法或信念。不过，许多复杂情感并不适合用这样的方法分析。更重要的是，基本情感本身可能是由相当复杂的认知产生的，例如，当蒂姆发现自己因为睡过头而错过一场重要的考试时，会感到恐慌。

虽然基本情感常被比作程序，但它们的生发对象会受文化环境的影响。可怜的蒂姆之所以因错过考试而恐慌，可能是因为他所处的文化或微观文化对学习成绩非常重视。复杂情感也会受到文化的构建和塑造。比如，幸灾乐祸并不是所有时代的人都会生发的情感。浪漫的爱情也不是，它似乎是随着小说一起出现的。在《包法利夫人》这本小说中，福楼拜说，包法利夫人只是通过浪漫主义小说才发现了浪漫的爱情。他还写道：

> 这些小说描绘爱情和情人，孤寂的小木屋里昏昏沉沉的少女，突遭杀害的马夫，被累死的马匹，阴郁的森林，心中的烦恼，誓言，哭泣，眼泪，亲吻，花前月下，林中的夜莺，像狮子一样勇敢、像绵羊一样温柔、贞洁得难以置信的绅士，他们总是衣冠楚楚，哭起来泉涌不止。

一方面，文化环境会影响情感的表达，有些表达如同方言一样被本土化；另一方面，基本情感的面部表情几乎不受文化的制约，因此，无论哪个地方的人，同一基本情感的面部表情几乎都是一样的。事实上，某些动物也有面部表情，这致使我们对狗和其他具有面部表情的动物产生共情。情感的表达方式多种多样，包括微笑、皱眉、大笑、哭泣、嚎啕、乱蹦乱跳、拍额头、捂脸、亲吻、爱抚、跳舞……甚至与情感表达无关的行为也会充满情感，例如，轻轻地或"砰"地一声关上门，或从外套口袋里掏出一支笔。

有些情感表达具有实际功能，例如，露出牙齿和紧握拳头可以用来恐吓或准备攻击。此外，所有的情感表达都是在向他人传达情感信号，或者是对他人情感的回应，这种交流系统的形成时期要早于语言。表达情感或做出评价的目的是激发他人相同或相反的情感——通常是赞美、同情、好奇、娱乐、恐惧、内疚或羞愧。

这一切都意味着，他人具有解读情感的能力，而且这种能力是自发的、不经思索的，即使有些情感只是部分体验过，或者从未体验过。这种能力基于这样一种假设，即他人具有与我们相似的心理，这就是为什么我们在与不同文化、时代或社会阶层的人打交道时要谨言慎行。由于基本情感的表达具有普遍性，对于复杂情感，我们无须有意识的思考，凭直觉便能理解，因此也需要这种谨慎态度。

尽管情感各不相同，但都与某种感觉有关。例如，恐惧与生理反应有关，包括心率加快、肌肉紧张、出汗和皮肤起鸡皮疙瘩，恐惧的表现有，身体僵硬、突然停止运动、瞳孔和鼻孔放大。著名哲学家威廉·詹姆斯认为，如果没有这种生理上的变化，情感就是纯粹的理智感知。根据詹姆斯-兰格理论，情感只不过是生理变化带来的体验。

用詹姆斯的话来说："我们之所以难过是因为我们哭泣；之所以发怒是因为我们打人；之所以害怕是因为我们发抖，而不是因为我们难过、发怒或害怕，才哭泣、打人或发抖，尽管它看起来的确如此。"

不幸的是，这种观点似乎是本末倒置。我不是因为颤抖才害怕，而是因为害怕才颤抖。颤抖不是原因，而是恐惧的一部分。虽然每一种微妙的情感涉及多种生理上的变化，但我们还不确定是不是每一种情感都需要生理上的变化，抑或生理上的变化（例如运动或发生疾病时）是否会产生情感。脊髓损伤严重患者的情感变化幅度跟常人一样，那些参与注射肾上腺素实验的被试会根据所处的环境来解释自己为何会变得兴奋。

然而，从某种意义上来说，詹姆斯-兰格理论是正确的。不同于切洋葱引起的条件反射性眼泪，情绪性眼泪具有许多社会功能，比如强调我们情感的深度和真诚，在危险、痛苦时吸引注意力、同情和支持。不过，它们也有一项重要的心理功能，那就是告诉我们某个特定的问题或情况对我们来说意义重大，需要花时间和精力去解决或处理它们，以更健康的态度或更明确的视角去对待。作为强烈情感的标志，情绪性眼泪代表着我们生命中重要的时刻，从初吻到为失去伴侣而悲伤。眼泪会揭示真实的自己，哭泣是一种真实的自我表达，这就是为什么我们应该鼓励和诠释眼泪，而非抑制。

更广泛地来说，情感可以让我们获得一种评价立场。不过有时，我们很难去描述一种情感或情感体验，更不用说完全理解了。这是因为：第一，情感远比语言所能描述的多得多；第二，情感往往与其他情感混杂在一起，或者被其他某种心理状态控制，例如，恐惧常常被逃避的欲望或冲动控制，而且我们只有在事后才能理解；第三，某些情感令人非常不舒服，因此不会长久保持，尤其是这样做会引发更多不舒服的情感时。

情感不仅会反应和揭示我们的价值观，还会促使我们不断完善它们。我们可以基于一种情感产生另一种情感，并根据高级情感来修正低级情感。此外，一些情感比较清晰和透明，而有些情感则比较隐晦或模棱两可。例如，我们对真理或正义的热爱是深刻和真实的，而对具有较高美德或成就的人的嫉妒或蔑视不仅是空洞的，还会让我们感到不安。

如果我们的价值观被扭曲了，那么情感也会被扭曲，这会导致我们的情感和行为与我们的最佳或长期利益背道而驰。事实上，有时一次偶然的情感或情感体验会毁掉我们半辈子的生活。从这个层面来说，情感是非理性的。不过，糟糕的情感并不比糟糕的逻辑思维更差。逻辑思维和情感是密切相关的，以至我们可以用自己的感觉来验证逻辑思维。这种方式也是我判断政治倾向的基本原则：如果某件事，无论是右翼还是左翼，都是由爱和团结驱使的，那就是对的；但如果它们是由仇恨和恐惧驱使的，那就是错的。利用感觉来做判断就是如此简单。

在逻辑思维和情感的交际舞中，情感是领舞者，而且是最好的舞者，哲学家休谟曾说："理性只是激情的奴隶。"消极的情感会绑架逻辑思维，导致自我欺骗、隐藏事实、逃避责任，不愿采取行动，或者如同存在主义者所说，逃避自由。因此，消极的情感是一种道德上的沦丧，而且最为严重。美德的主要目的是纠正和提炼我们的情感及其反映的价值观。

感觉到应该做正确的事情就是做正确的事情，这不需要任何有意识的思考或努力。不过，重复正确的行为会带来正确的感觉。逻辑学之父和推理大师亚里士多德认为，对于大多数人来说，正确的行为和正确的感觉或美德，不是理性思维的产物，而只是习惯使然。他在《尼各马可伦理学》中提到：

> 正如古希腊诗人西奥格尼斯所说，如果论证本身就足以使人变得善良，那么，论证本身理应获得巨大的奖励，而且也应该提供这样的奖励。然而，现实情况是，虽然论证有能力鼓舞和激励年轻人中那些心胸宽广的人，使他们成为温文尔雅、崇尚高尚事物和美德的人，却不能鼓励大多数人追求高尚和善良。

亚里士多德在《尼各马可伦理学》一书的最后写到，论证和教学只适宜于天生善良的灵魂，或者由好习惯养成的灵魂，而好习惯是好法律的产物。因此，他之后写著了众所周知的《政治学》一书。

势利行为的心理学原因

接下来，我们通过分析当前这个分裂的社会十分猖獗的势利行为，以更深入地了解理性、情感和行为之间的关系。"snob"（势利的人）最早出现在18世纪末，指鞋匠或他们的学徒。到了19世纪早期，这个词的意思变成了"缺乏教养的人"。之后，随着社会结构变得更具有流动性，这个词的意思变为"向社会上层攀爬的人"。

今天，这个词具有以下几层意义：过分重视一个或多个表面属性，比如财富、社会地位、美貌或学历；认为具有这些属性的人具有更高的人类价值；通常过于强调自己拥有这些属性，而贬低那些没有这些属性的人。

因此，势利行为主要表现在三个方面：夸大某些属性的重要性；自以为拥有这些属性；诋毁那些缺乏这些属性的人。摇滚巨星西蒙·勒邦曾说："我不是势利小人，不信你可以随便问问那些重要人物。"

实际上，势利行为很难被分辨出来，无论我们的品味多么高雅。那些所谓的葡萄酒势利者，也就是喜欢甚至坚持喝好葡萄酒的人，既可能是也可能不是真正的势利者，这取决于他们的偏见程度。一些沉浸于葡萄酒世界的年轻品酒师可能会过分重视关于葡萄酒的知识，甚至贬低那些不太懂行的顾客，这种现象被称为"品酒师综合征"。

除了对他人的贬低之外，势利者倾向于损害他人的成就及其所代表的利益和机构。2006年，英国保守党议员雅各布·里斯–莫格（Jacob Rees-Mogg）将没有上过牛津大学或剑桥大学的人比作"盆栽植物"，这对他本人及其政党没有任何好处。

势利行为暴露出的是思维的僵化和判断力的低下，就如同英国的那些贵族，虽然接受了昂贵的教育，却赞同希特勒的专制统治。这种思想不仅是僵化的，而且是扭曲的。势利者会根据肤浅的标准对他人进行分类，比如根据职业、住所、口音，并基于这些标准予以他人尊重或者蔑视，就像那些只喝某些牌子的葡萄酒势利者一样，他们常常因此而忽略真正具有价值、质量或原创性的葡萄酒。作为伴侣，势利者总是觉得很无聊，总是忽略生活中有趣的细节，除了自己的事情，他们对任何事情都莫不关心。

与势利行为相对的是反势利行为，它也有缺陷。反势利行为是指对势利者所推崇的那些属性的蔑视，以及对那些流行、平庸的事物的赞赏，无论这种赞美是出自真情实感还是虚情假意。在很大程度上，反势利行为可以被理解为对要求一定社会地位的一种自我防御。事实上，势利者和反势利者都有可能是势利者。

那势利行为本身呢？和反势利行为一样，势利可以被解释为对社会地位缺乏安全感的一种反应。这种不安全感可能源自童年的经历，尤其是因自己与他人的不同而产生的羞耻感，或是因为丧失了以前享有的特权和优越感。这种不安全感也有可能源自社会的剧烈变化。随着英国脱欧与唐纳德·特朗普当选美国总统，受过良好教育的传统精英阶层的权力开始衰落，这导致了势利行为和反势利行为的激增。

有些势利行为可能是人们对日益平等的社会的一种反应，它们反映了人类的一种根深蒂固的本能，即认为一些人比其他人更好，而这些人更适合统治，而且其统治将会产生更好的结果。当然，一个并不势利的人也有可能持有这样的观点。在这种情况下，势利行为可以作为阶级监督和控制的一种机制，相反的是，反势利行为会加固社会等级制度。

在极端情况下，势利行为可能是自恋型人格障碍或更广泛的精神疾病的一种症状。这一认识有助于找到治疗它的解药，即精神疾病的对立面——共情。作家休·金斯米尔（Hugh Kingsmill）曾说过，势利行为表达了对使人们产生分裂的东西的渴望，以及对使人们团结起来的东西的无能为力。

我认为，通过共情来缓解势利行为不失为一种好方法，好的情感会促使更好的思维和行为。

19 音乐，情感和思维的净化剂

迄今为止发现的最古老的乐器是由鸟骨和猛犸象牙制成的长笛，它们已经有42 000多年的历史了。有人认为，通过促进社会凝聚力，音乐（来自希腊的"缪斯的艺术"）帮助智人这个物种战胜了尼安德特人。下次当你站起来唱国歌的时候心中要想到这一点。

《圣经》故事中有这样的记载："上帝那里来的恶魔附着在了扫罗身上，大卫拿起琴来弹奏，扫罗便舒畅爽快了，恶魔离开了他。"

如果没有音乐和吟唱，荷马的口述作品就不会流传下来。公元前7世纪的抒情诗人萨勒塔斯用歌声给古斯巴达带来和平，甚至结束了这座城市的瘟疫。毕达哥拉斯学派善于吟诵诗歌，他们向阿波罗（艺术和音乐之神）唱赞美诗，通过七弦琴来治疗身体和精神上的疾病。柏拉图在《理想国》中提到，公民的教育应该包括体操训练和音乐熏陶，课程一旦设置好，就不应该改动："当音乐的基本构造改变时，整个国家的习俗也应随之改变。"亚里士多德这样总结了《政治学》中关于音乐的讨论：

因为音乐也是一种愉悦，而美德存在于欢乐、爱和适当的憎恶之中，显然，我们最想得到和培养的就是正确的判断力，和能够欣赏美好品性和高尚行为的能力。节奏和旋律能模拟出愤怒和温柔，勇敢和克制，或者与此相反的全部品质，以及人类性格当中的其他品质，这些模拟几乎与真情实感不相上下。

10世纪，思想家阿尔法拉比写了一篇题为《智慧的意义》的文章，讨论了音乐疗法。现代音乐疗法形成于第二次世界大战之后，当时医院的工作人员注意到音乐可以为病人带来正规疗法所没有的益处。1959年，美国作曲家兼钢琴家保罗·诺多夫（Paul Nordoff）和英国教育专家克莱夫·罗宾斯（Clive Robbins）建立了创造性音乐疗法，依托音乐在人的情感、运动、认知及交流方面的重要作用，帮助那些脆弱、内心孤独的儿童正常成长。今天，诺多夫-罗宾斯已成为英国最大的独立音乐治疗慈善机构。

音乐治疗真的有效吗？如果有，那是如何做到的呢？音乐可以提高多巴胺的水平，多巴胺是大脑中一种能令人感觉良好的化学激素。许多人在锻炼时会通过听音乐来获得动力。音乐不仅能分散人们对不适的注意力，还能激发阿片肽激素的释放，从而缓解身体和心理上的疼痛。如果锻炼让你痛苦，那就随着音乐尽情地跳舞吧！跳舞是最好的锻炼，因为它涉及全方位的运动和思维活动。音乐还能增强免疫力，尤其是在增加抗体和减少应激激素方面。音乐还可以降低心率和血压，以及减少心脏病的发作概率或术后的恢复时间，当然，科技舞曲和重金属除外。

从心理学的角度来看，音乐疗法可以缓解焦虑和抑郁，提高交际和职业技能。除了生物学方面的好处，比如提高多巴胺的水平和减少应激激素，音乐还有助于我们识别、表达和处理复杂或痛苦的情感。它增强了这些情感，并赋予它们合理性、语境、视角、秩序、美感和意义。叔本华认为，音符的发展，尤其是旋律，反映了我们内心的奋斗过程。音乐是情感的学校和医院。它复制了情感的结构，却不提供内容，使我们能够感受到情感，而不觉得痛苦或害怕。

我不认为音乐必须是振奋人心、积极向上的，只要它能帮助我们处理情感就可以。在《诗学》中，亚里士多德将悲剧对观众心灵的净化作用与泻药对身体的作用进行了比较，进而将情感的净化作用称为"宣泄"。在这一点上，悲剧更令人欣慰，因为悲剧比喜剧更真实、更可信，而喜剧往往空洞且不切实际。

音乐带来的益处不仅限于缓解抑郁和焦虑，还能治疗精神疾病、自闭症和痴呆症。当人们由于脑损伤（最常见的是痴呆症或中风）而丧失了语言能力时，唱歌的能力通常会被保留下来，当然还有咒骂的能力。对于痴呆症患者来说，音乐有助于改善认知障碍、焦虑和社交能力，还有助于记忆的编码，这反过来又能唤起生动的记忆。对于获得性脑损伤患者来说，音乐有助于恢复运动技能，而且唱歌有助于失去语言能力的人重新学会发声。对于腹中的胎儿来说，音乐有助于提升新生儿的运动和认知能力，以及语言的发展速度。

在十几岁的时候，我会躺在漆黑的夜晚听贝多芬的音乐（现在已经过时了）。我可以发誓，这些经历完全改变了我的思想。

20 想象力，思维的最高形式

爱因斯坦认为，想象力比知识更重要。他曾说过："我已经受够了作为一个能自由地控制想象力的大师。知识是有限的，而想象力却能畅游整个世界。"

我认为，想象力是一种思维能力，它可以形成和操纵图像、命题、概念、情感和感知等，它有时不受外部刺激的影响，能独立开辟出一片园地，这片园地可能是抽象的、形象的、天马行空的，也有可能是典型的或普遍的，总之充满各种可能性。

从科学推理到音乐欣赏，想象力有多种形式和等级，也与许多其他认知结构相重叠，包括信念、欲望、情感、记忆、假设和幻想。信念和感知一样，旨在与现实保持一致，而欲望则是为了改变现实。与信念一样，情感也旨在与现实保持一致，但不同的一点是，情感反映的是其对象的意义或类别，以及主体与多种形式的想象所共有的一面。与想象一样，记忆也涉及遥远的意象，但与想象不同的是，记忆根植于现实，主要作用是构建信念和指导每时每刻的行动。记忆往往比想象更生动，而想象又比单纯的假设更生动。假设往往是客观和认知性的，缺乏想象的情感和维度，也缺乏生动性。幻想可以被理解为一种想象，即对不太可能发生的事情的想象。

我之所以说不太可能而不是不可能，是因为有一种理论认为，想象证明了关于可能性的信念是合理的（或者至少是形而上学的），就如同感知证明了关于现实的信念是合理的。引用休谟的话来说就是："形而上学中有一条既定准则，无论大脑中清晰地构想出了什么，都包括可能存在的概念，换句话说，我们所想象的没有什么是绝对不可能的。"鬼魂、魔鬼、时间旅行和其他想象的事物真的存在吗？我认为，相比于可想象的可能性，不可想象或许更适合用来解释不可能之事。那么，什么事物是可想象的或不可想象的，以及什么样的人能想象得到呢？如果一个人对氧气一无所知，那么当涉及氧气时就很容易想象出其他的东西来替代。从这个意义上来说，知识和科学限制了想象力，尽管有时，它们有助于集中想象力。当知识是错误的时候，知识和想象之间的互动最容易出问题。

目前为止，大多数人类社会都没有将想象和信仰，或虚构和现实严格地区分开来，两者相互补充，相互丰富。事实上，在许多重要方面，想象的事物高于现实，过去如此，现在依旧，这也是"智人"的特征之一。今天，对于那些混淆了想象和信念的人，有专门的药物来治疗，但在过去，没有人意识得到这是一种不正常的现象，即便它让生活变得很艰难，或者毫无意义。这些告诉了我们很多关于想象力及其用途的知识，以及精神疾病及其成因的知识。

想象力的作用多到不胜枚举。大多数婴儿在15个月大时就开始玩假装游戏。他们在玩假装游戏时做些什么呢？他们为什么如此专注于想象的东西？我在7岁时能一口气读完一本书，然后央求父母给我买新书。孩子通过玩场景游戏和超越有限的经验来寻求对世界的理解，并在其中找到自己的位置。这个创造过程充满了情感——喜悦、兴奋、敬畏，并且在随后的每一个创造行为中都能找到共鸣。

每当我们观看《蒙娜丽莎》这幅画时，看到的不仅仅是画面和笔触。事实上，我们几乎看不到笔触。在想象中，如同在梦中，我们赋予事物形式、模式和意义，然后将这些反射到真实的事物中。如果没有这种诠释和同化，世界只不过是源源不断的感官印象，就像缺乏想象力的人看到的那样。

更为重要的是，我们能够通过想象来弥补缺失的部分，使这个世界或者我们自己的世界变得完整，甚至构想出完全不同的世界，比如中土世界或《冰与火之歌》中描述的七大王国。在成年期，人的想象力仍然非常活跃。否则，怎么会有鸡仔文学①甚至色情文学呢？

如果想象力能让我们获得欢愉，那也有助于我们做成一些事情。科学的进步靠的是假设，而假设是基于想象力，哲学则经常通过思想实验来验证理论，比如"缸中之脑"、"电车难题"和柏拉图的《理想国》。更为重要的是，通过想象力，我们能够对某些事物展开联想，进而找出相关联系，并将这些知识应用到现实生活中。想象力带来了各种选择和可能性，并通过事前在脑海中进行预演来指导我们做出正确的决策。因此，我们的许多失败实际上都是想象力的失败，同样，成功也是如此。

想象力还有助于人际交流、相互理解以及团队工作。没有想象力，就不会有隐喻、讽刺、幽默，也不会有过去或将来时态以及条件句。事实上，如果没有想象力，就根本不会有语言，因为如果没有符号和表述，怎么会有词汇呢？

---

① 指由女性撰写并且主要面向二三十岁的单身职场女性的文学作品。——编者注

此外，想象力有助于我们站在他人的角度体会他们的想法和感受，并从长远的角度来看待我们之间的关系。自闭症可以被理解为一种想象力障碍，主要表现在具有社交障碍，行为、兴趣和活动极度有限。

想象力是思维的最高形式。只要拥有足够丰富的想象力，我们就能发现并解决所有问题。只要拥有足够丰富的想象力，我们就能出于兴趣而工作，至少不再为钱而工作了。只要拥有足够丰富的想象力，我们就不会畏惧任何挑战。然而，我们的想象力其实非常贫乏，甚至都无法想象拥有丰富的想象力会是什么样子。

虽然我很幸运地接受了良好的教育，但它并没有培养我的想象力。事实上，医学院更是不遗余力地摧毁它。近年来，我一直在努力恢复自己在小学时拥有的那种活泼生动的想象力。为此，我只做了三件事，它们都很简单：

◎ 意识到想象力的重要性。

◎ 保证充足的睡眠，拥有闲暇的时间。

◎ 从自然界中汲取灵感。

我们以英国浪漫主义诗人威廉·布莱克的一段话来结束

这一章，他指出了自然界的意义和想象力的巨大魔力：

　　让一些人感动流泪的欢乐之树，在另一些人眼中只不过是挡路的绿色障碍物而已。有些人认为自然界是丑陋和畸形的……有些人根本看不到自然界，但在想象者的眼中，自然界就是想象力本身。

结语　突破理性的束缚，让我们回归完整

时间如白驹过隙，这本书在我脑海中酝酿了十年之久，又花了两年时间书写成书。对此，我的感悟主要有三点。

教育的最高目的是摒弃我们曾经认为理所当然的东西，以敏锐取代固执，以同情取代偏见，以可能性取代命定。如果理性是不可捉摸的，知识则更是如此。阿波罗神谕之所以将苏格拉底称为最聪明的人，是因为苏格拉底知道自己的无知。因此，与其自以为见多识广，将生命耗费在那些无意义的事情上，给这个世界制造麻烦，还不如坐下来，想想我们的无知。

"公案"作为一种悖论或谜语，它鼓励修行者通过颠覆理性和自我本位的思想来获得顿悟，虽然苏格拉底被奉为理性思考者和哲学家的典范，但没有人比他更善长运用"公案"了。实际上，我们的文化总是将思维等同于逻辑推理，将力量等同于知识，这已经对我们造成了不可言喻的伤害。我们不应该困于理性，而是恢复其他的认知形式，以辅助和补充逻辑

推理，甚至替代不合理的部分，使我们回归完整。迷狂虽然常被认为是反理性的，但其实也是一种宝贵的资源，我们不仅可以学会控制它，还可以利用它，或者通过利用来控制它。

直觉是由松散联系的事实、概念、经验、想法和感觉组成的，我们可以通过巩固这种联系来发挥直觉的力量。如果直觉会让我们后退，那么智慧、洞察力、想象力，甚至理性也是如此。通常阻碍理性和非理性认知形式的不是愚蠢，也不是薄弱的心智，而是恐惧和我们所要保护的东西，即自尊、自我意识、自我。若想充分释放我们的认知和人类潜能，就需要爱生命胜过恐惧生命，需要抑制或摧毁不合理的自我——这是我们一生都应该致力于克服的事情。在雅典的监狱里喝下毒汁之前，苏格拉底告诉他的朋友，绝对的美、绝对的善和绝对的正义都无法通过眼睛或其他任何肉体的感官来察觉，而只能通过心灵感悟到。因此，真正的哲学家（希腊语的意思为"爱智慧的人"）都在急切地盼望心灵能够解脱肉体，变得纯粹。因为当死亡来临时，心灵才能完全摆脱肉体，因此哲学家一直在练习死亡，甚至可以说他们快要死亡了。

因此，如果我们想要真正地活着，就先要学会死亡。